Werner Schmidt
Entscheidungs-Wege im Christentum

Für
Erika Heller
persönlich.

Werner Schmidt
10.6.19

Werner Schmidt

Entscheidungs-Wege im Christentum

Haupt-, Trenn-, Rück- und
Glaubens-Wegen auf der Spur

R. G. Fischer Verlag

Soweit die Bibel nicht in eigener Übersetzung zitiert wurde:
Lutherbibel, revidierter Text 1984, durchgesehene Ausgabe,
© 1999 Deutsche Bibelgesellschaft, Stuttgart

Bibliografische Information der Deutschen Nationalbibliothek:
Die Deutsche Nationalbibliothek verzeichnet diese Publikation in der Deutschen
Nationalbibliografie; detaillierte bibliografische Daten sind im Internet über
http://dnb.dnb.de abrufbar.

© 2019 by R. G. Fischer Verlag
Orber Str. 30, D-60386 Frankfurt/Main
Alle Rechte vorbehalten
Titelbild: seregalsv – © 123rf.com
Schriftart: Baskerville 11 pt
Herstellung: rgf/bf/2B
ISBN 978-3-8301-9668-6

*Gewidmet sei dieses Buch zuerst meiner Frau,
dann unseren drei Kindern
und schließlich unseren
zwei Enkelinnen und vier Enkeln.*

In diesem Zusammenhang:
Herzlichen Dank für Hilfen und alle Verbundenheit unserer Freunde und Bekannten, schließlich unseren Ärzten, nicht zu vergessen den Lektoren und dem ganzen Verlag.

Allen wünsche ich ein gutes Lesen – wie immer zuerst Vorwort und Einführung – und Gottes Segen.

Frankfurt am Main, im September 2018
Werner Schmidt

Respekt, Anerkennung und ehrendes Gedenken bewahren möchte ich gegenüber meinen Eltern, meinen Schwiegereltern, meinem Gemeindepfarrer und seiner Familie, meinen Lehrern, Professoren und Förderern.

»Selig sind die Toten, die in dem Herrn sterben von nun an. Ja, der Geist spricht, daß sie ruhen von ihren Mühen; denn ihre Werke folgen ihnen nach.«

Offenbarung des Johannes, Kap. 14, Vers 13.

Frankfurt am Main, im September 2018
Werner Schmidt

Inhaltsverzeichnis

Vorwort 13

Einführung 15

I. Wie muss man die Auferstehung verstehen?
   Entscheidende Frage am Anfang 19

II. Was für eine Entscheidung! Konstantin der Große
    als Politiker und »Christ« 29
    1. Vorbemerkung 29
    2. Elternhaus und Jugend Konstantins 30
    3. Die Schlacht am Ponte Molle 33
    4. Die Toleranzedikte 44
    5. Konstantin und der Donatistenstreit 51
    6. Die Kämpfe mit Licinius 53
    7. Konstantins Alleinherrschaft 56
    8. Die Folgen der Politik Konstantins 65
    9. Konstantin als Politiker und Christ 66

III. Die (ungewollte) Scheidung – Luther und
     die Reformation 69
     1. Luthers Lebensstationen (auf einen Blick) 69
     2. Die politische Lage zur Reformationszeit 72
     3. Die Zeit war reif 73
     4. Die zu Luther hinführende Linie
        des Humanismus 74

5. Geschichte des Ablasses 75
6. Luthers geistige Entwicklung bis 1520 76
   a) Luthers Jugend 76
   b) Klosterkämpfe 77
   c) Das Turmerlebnis 78
   d) Luthers Reformschriften 79
7. Entwicklung und Verlauf der Reformation 82
8. Zusammenfassung 94
9. Exkurs: Motive über Luthers Klostereintritt 96

IV. Rückbesinnung und christliche Verantwortung heute
Die jeweils zu entscheidenden Schritte, entnommen
aus den ersten christlichen Gemeinden von damals ... 99

V. Entscheidungs-Wege im Christentum
Beispiele von Einzelentscheidungen 109
   1. Johann Friedrich Oberlin – ein Lebensbild 109
   2. Johannes Daniel Falk – ein Lebensbild 124
   3. Elizabeth Fry, Quäkerin, Engel der Gefangenen 139

VI. Entscheidungs-Wege im Christentum
Beispiele von Predigten, in denen es um
die individuelle Entscheidung geht 149
   1. Himmelfahrtspredigt, Apostelgesch. 1, 1–11 149
      a) Textübersetzung 149
      b) Examenspredigt 150
   2. Himmelfahrtspredigt aus dem Apostolischen
      Glaubensbekenntnis 154
      a) Aufgefahren in den Himmel, er sitzt zur
         Rechten Gottes 154

b) Predigt 154
3. Predigt zum Reformationstag; Römer 3,21–28 157
   a) Textübersetzung 157
   b) Predigt 158
4. Osterpredigt (Markus 16, 1–8) 162
   a) Textübersetzung 162
   b) Predigt 163
5. Einladungspredigt (Lukas 14,16–23) 166
   a) Umschreibung des Textes 166
   b) Predigt 168
6. Hingabe-Predigt, Markus 12, 41–44 173
   a) Textübersetzung 173
   b) Predigt 174
7. FREUDE AN DER ÖKUMENE 177
8. Konfirmationspredigt, 1. Kor. 9, 24–27 181
   a) Textübersetzung 181
   b) Predigt 181

*Den Predigten Nr. 1, 6 und 8 liegen eigene
Übersetzungen der bibl. Predigt-Texte zugrunde.*

Privat

Name/Versicherten: Heller Erika
Buchrainstr. 80
D 60599 Frankfurt am Mai

Geb.-Datum: 02.08.37

Versicherungsnummer: F706145104

Rp. (Bitte Leerräume durchstreichen)
Vertigoheel TAB N1 100 st

Datum: 07.06.19

Bezugsdatum: 070619
Apotheken-Nummer: +53105541+
Arzneimittel-/Hilfsmittel-/Heilmittel-N: 06979686
Faktor: 1
Taxe: 1699
Gesamt-Brutto: 16,99

PKVH R20409324-0 /Brunnen Apotheke 60599 Frankfurt

Dr. med. Bojana Bechstein
Internistin
Offenbacher Landstr. 350
60599 Frankfurt/M.
Tel: 069 / 65 13 40
Fax: 069 / 6568116
LANR: 7407527103
40 19 07300

/ 6

Diese Verordnung ist nicht rezeptpflichtig

Vorwort

Ursprünglich wollte ich im Jahr nach dem sog. »Lutherjahr« (2017) für die, die sich erinnern bzw. sich noch einmal klar machen wollen, was das eigentlich war, das Lutherjahr, eine kleine Schrift »Luther und die Reformation« herausgeben, so nach dem Motto: Merkblatt, Kurzfassung, Taschenbuch, Gebrauchsanweisung fürs Gedächtnis. Allerdings hätte das arme Schriftlein ziemlich alleine in unserer Lebens-, Bewegungs-, und Denk-Landschaft herumgelegen, da es doch nur auf die »Scheidung«, die Spaltung der Kirche hinausläuft bzw. darauf aufmerksam macht oder sie betont. – Nein! Vor der Scheidung muss erst noch etwas anderes kommen, die Entscheidung oder die Entscheidungen, auch wenn diese z. T. noch so schief und unvollkommen daherkommen.

So kam es, dass ich zunächst die Glaubensentscheidung (Christi Auferstehung von den Toten) ganz an den Anfang rückte und bei der christlichen Verantwortung heute enden bzw. neu beginnen musste. Einzelentscheidungen von Menschen können nun das Ganze beglaubigen und durch bestimmte Predigten noch einmal für uns alle kund machen und zur persönlichen Entscheidung bringen.

So entstand schließlich das Gebilde, das die Leser vorfinden. Es enthält – als mittleren Teil – im Endeffekt die durch Konstantin den Großen auf eine bestimmte Weise bewirkte »Erlaubnis des Christentums«, die, auf dem »Vehikel« und Verständnis des römischen Kultes aufbauend, nicht anders aussehen konnte, während sehr viel später die lutherische Reformation historisch gesehen gegenüber der römisch geprägten Form dann doch eine andere Form des Christentums anzeigt und darstellt.

Einführung

Wie schön, dass ich mich nicht gleich entscheiden muss, nicht immer gleich entscheiden muss. Ein Leben ohne Entscheidungen! Frei atmend – und wenigstens mit langfristiger Bedenkzeit. Ein Leben mit solcher Freiheit und »ein Häuschen mit Garten«. Ja, das lieben wir, das wünschen wir uns.

Doch so ist das Leben nicht. Wir müssen uns immer wieder entscheiden (vielleicht ist das sogar gut, wir wünschen es uns im Grunde doch). Entscheidungen kommen auf uns zu und müssen gefällt werden, so oder so: für diesen oder jenen Menschen, für diesen oder jenen Lebensraum, diese oder jene Zeit, diesen oder jenen anderen Weg, der dann sogar zu unserem Hauptweg werden kann, so dass wir schließlich entscheiden und unterscheiden können, was schlecht gewählte und was gut eingeschlagene Wege sind. Das ist natürlich auch richtig, gut und wichtig.

Nun gibt es ja wohl erst einmal persönliche, berufliche und religiöse, also weltanschauliche Weg-Entscheidungen bzw. Haupt-Entscheidungen, leichte und schwierige Entscheidungen. Zu den schwierigsten gehören mit Sicherheit die Glaubens-Entscheidungen. Daher habe ich in diesem Zusammenhang die Auferstehung Jesu von den Toten an den Anfang gesetzt, um herauszufinden, wie man die Auferstehung überhaupt verstehen kann und muss und wie man schließlich und lediglich aus deren Verkündigung (Predigt!) zur endlichen Glaubensentscheidung kommen kann.

Bei Konstantin dem Großen lernen wir dann zunächst bei dessen Vater die monotheistischen Tendenzen kennen, die sich beim Sohn in gewisser Weise fortsetzen und zu entsprechenden Entscheidungen führen, bis etwa hin ins berühmte Kirchenkonzil von Nicäa 325 n. Chr. Doch die Entscheidung zum scheinbar angestrebten »Hauptweg« für die erste offizielle Erlaubnis des Christentums auf römischem Staatsboden war in Wirklichkeit wohl die

Entscheidung eines politisch verstandenen Um-Weges über den »Kult« und sollte dem römischen Staat auch noch die nötige »Wohlfahrt« bringen. Kaiser Konstantin selbst bleibt ohnehin, was sein persönliches Christsein betrifft, eine äußerst schillernde Figur. Zur Begründung des Ganzen lesen Sie selbst diesen besonders ausgebreiteten, akribischen Teil meiner Arbeit. Ja, was für eine im wahrsten Sinn des Wortes merk-würdige Entscheidung!

»Die ungewollte Scheidung« im nächsten Teil wurde so nicht erst als Endresultat des reformatorischen Geschehens empfunden. Auf die folgende frühe und wichtige Einzelheit kann gar nicht aufmerksam genug gemacht werden: Nachdem der Reichstag von 1524 nichts gegen die »lutherische Ketzerei« unternahm, startete Papst Clemens VII. den Regensburg-Dessauer-Bund der süddeutschen Fürsten, um das Wormer Edikt von 1521 gegen Luther durchzuführen. (Der Verlauf der Reformation im Kurzstil macht darauf aufmerksam). Die evangelischen Fürsten bildeten daraufhin im Gotha-Torgauer Bündnis einen Gegenbund.

Bereits dadurch und damals schon wurde eine einheitliche Regelung unmöglich. Wohlgemerkt, auf eine katholische Initiative (!). Darauf hat Walter von Loewenich in seinem Buch besonders aufmerksam gemacht. – Eine Vor-Scheidung? – Dieses Mal von der anderen Seite!

Der letzte Teil kehrt, nach kurzer Schilderung der entsprechenden dunklen, geschichtlichen Seiten und Zeiten, zum Anfang des Christentums, zur Verkündigung der einfachen biblischen Regeln des Lebens zurück, damit zu einem »vernünftigen« Gottesdienst der feiernden Gemeinden, die nach ihrem Gewissen in Verantwortung vor Gott ihre einzelnen Lebens-Entscheidungen treffen. Johann Friedrich Oberlin, Johannes Daniel Falk und Elisabeth Fry, die »Gärtner Gottes« wie ich sie nenne, haben aufgrund von besonderen Einzel-Entscheidungen in ihrem Leben so gehandelt. Die aus meiner Sammlung ausgesuchten und hier beigegebenen Predigten sollen unser aller Entscheidungen im Sinn einer verantwortlichen Lebensweise vor Gott aufzeigen helfen.

Noch zwei Hinweise am Schluss

Quellenangaben sind jeweils nach den entsprechenden Abschnitten bzw. Kapitel aufgeführt, z. T. pauschal, nicht in einzelnen Fußnoten.

Meine älteren benützten Quellen zum Kapitel »Konstantin« sind bis und damit zunächst auch noch über das Jahr 2000 (n. Chr.) bestätigt und insoweit abgesichert (s. den diesbezüglichen Band).

I. Wie muss man die Auferstehung verstehen? Entscheidende Frage am Anfang

Wenn wir uns als Christen mit dem Thema »Auferstehung Jesu« beschäftigen, fragen wir damit zugleich nach dem Urdatum der Kirche – und zwar sowohl in historischem als auch in sachlichem Sinne. Klassisch hat das der Apostel Paulus in der Auseinandersetzung mit den korinthischen Leugnern der Auferstehung formuliert: Wenn Christus nicht auferweckt ist, dann ist nicht nur unsere Predigt, dann ist auch euer Glaube ohne Grundlage (1. Korinther 15,14).

Von daher ist das Thema »Auferstehung Jesu« immer wieder Gegenstand tiefsinniger Überlegungen und Auseinandersetzungen gewesen. Dabei ist besonders zu berücksichtigen, dass das Problem für uns heute auf einer Ebene liegt, die von der der neutestamentlichen Zeit grundlegend unterschieden ist. Denn unser Verhältnis zur Historie ist seit der Aufklärung ein anderes als das der neutestamentlichen Schreiber. Das bedeutet methodisch. Wir stellen *die* historische Frage schlechthin und wir beantworten diese Frage nach unserer historischen Erkenntnis und Einsicht. Wollen wir zum Beispiel ein für uns brauchbares historisches Urteil gewinnen, so fragen wir nach dem Grund, nach dem Zustandekommen einer Überzeugung; ferner: wir kontrollieren dieses Zustandekommen.

Im Einzelnen handelt es sich dabei um folgende Methode des Zurückfragens:
1. Man vergleicht die verschiedenen Auferstehungsberichte miteinander a) nach Form und Inhalt, b) mit den Texten der sonstigen neutestamentlichen Schriftsteller, c) mit ähnlichen Texten, Berichten und Vorstellungen aus der religionsgeschichtlichen Umwelt.

2. Man berücksichtigt die Anwendung der Gesetze schriftlicher und mündlicher Überlieferung überhaupt.
3. Man stellt einen Vergleich an zu dem, was uns aus unserer Umwelt selbst bekannt ist und als selbstverständlich erscheint (welche Erfahrung wir zum Beispiel mit Leben und Tod machen).

Alles in allem wenden wir das Prinzip der historischen Analogie an, das heißt, das Prinzip von der grundsätzlichen Gleichartigkeit allen historischen Geschehens.

Im Rahmen unseres Themas haben wir es nun mit drei Überlieferungen oder Vorstellungen zu tun:
1. mit dem Tod Jesu,
2. mit dem leeren Grab,
3. mit den leibhaftigen Erscheinungen Jesu nach seinem Tod.

Wollen wir bei dem Analogieprinzip bleiben, so ergeben sich im Großen und Ganzen wiederum drei Möglichkeiten:
 a) Bestreitung des Todes Jesu in Anerkennung des leeren Grabes und der leiblichen Erscheinungen Jesu (so lehrten etwa K. Friedrich Bahrdt, Fr. Schleiermacher);
 b) Bestreitung der leiblichen Erscheinungen Jesu in Anerkennung des Todes Jesu und des leeren Grabes (so Herman Samuel Reimarus, seine Thesen zum Teil veröffentlicht durch G. E. Lessing);
 c) Bestreitung des leeren Grabes und der leiblichen Erscheinungen in Anerkennung des Todes Jesu (so – mit verschiedenen Varianten – D. Friedrich Strauß, Albert Schweitzer, R. Bultmann u. a.).

Die neutestamentlichen Berichte von den Erscheinungen Jesu nach seinem Tod stimmen in der Tat in vielen Einzelheiten nicht überein, und zwar gerade in denen, die für die Einordnung dieser

Überlieferungen in den weltgeschichtlichen Ablauf wichtig wären. Die Angaben des Ortes der Erscheinungen widersprechen sich: nach Matthäus 28,7; 28,16 (vgl. Johannes 21) wird Jesus in Galiläa erscheinen; nach Lukas dagegen (Evangelium und Apostelgeschichte 1,4) haben alle Erscheinungen in, bei und um Jerusalem stattgefunden.

Alle Evangelien und andere neutestamentliche Schriften setzen einen zeitlichen Abschluss der Erscheinungen des Auferstandenen: nach Paulus (1. Korinther 15,3-10) ein längerer Zeitraum, der mit seiner eigenen Christus-Begegnung vor Damaskus (Apostelgeschichte 9; vgl. Kap. 22 und 26) endete; 40 Tage nach Apostelgeschichte 1,3; nach dem Lukasevangelium sollen alle Erscheinungen an einem Tage stattgefunden haben. Die Zahl der Personen, die am Ostermorgen am Grab waren, ist verschieden angegeben: nach Markus und Lukas drei Frauen; nach Matthäus zwei Frauen; nach Johannes eine Frau.

Im Übrigen werden Erscheinungen Jesu vor den Elf (Jüngern) genannt; Paulus nennt »die Zwölf«, ja sogar »500 Brüder auf einmal« (1. Korinther 15,5.6), denen Jesus erschien. Die Angaben über die Art der Erscheinungen weichen voneinander ab: nach Markus und Lukas sahen die Frauen nur das leere Grab; nach Matthäus und Johannes ist Jesus der (den) Frau(en) am Grab erschienen. Die drei Berichte über die Christusbegegnung des Paulus vor Damaskus in der Apostelgeschichte weichen in Kap. 9, 22 und 26 je in Einzelheiten voneinander ab, ebenso die Überlieferung der vom Auferstandenen gesprochenen Worte.

Schließlich finden sich im Neuen Testament keine Berichte von der Auferstehung Jesu selbst. Sie wird stets als ein Ereignis vorausgesetzt, bei dem kein Zeuge anwesend war.

Vom leeren Grab berichten dagegen alle Evangelien; Paulus nennt das »leere Grab« an keiner Stelle seiner Briefe, nur in 1. Korinther 15,4 heißt es: »und dass er begraben ist«. Ob der Apostel die Überlieferung vom leeren Grab gekannt hat, lässt sich von dieser Formulierung her kaum feststellen. Offenbar verwendet er jedenfalls diese Überlieferung nicht, wenn er von den Erscheinungen des Auferstandenen berichtet. Mehr können wir hier zunächst nicht feststellen.

Neben den genannten Differenzen gibt es aber andererseits viele Übereinstimmungen. Allen Berichten gemeinsam ist, dass derselbe Jesus, dem die Seinen vorher nachgefolgt sind, den Seinen als Auferstandener erschienen ist. Die Auferstehungsüberlieferungen stimmen ferner darin überein, dass der Auferstandene aber auch als ein Veränderter erschien (Johannes 20,14; 21,4 ff.; Lukas 24,15 ff.; Paulus gebraucht in 1. Korinther 15,42 ff. den Begriff des »geistlichen Leibes« Jesu).

Bei den Erscheinungen Jesu handelt es sich also nicht um das Lebendigwerden eines Toten zur Fortsetzung des irdischen Lebens mit nochmaligem Tod (wie bei den Totenauferweckungen: Jüngling zu Nain, Tochter des Jairus, Lazarus). Die Andersartigkeit Jesu bleibt nicht auf die Erscheinungen beschränkt. Auch seine Worte sind anders. Vorher hat er von sich weggewiesen; er sprach vom Menschensohn als von einer anderen Person. In den österlichen Erscheinungen ist nunmehr er selbst der Inhalt. Er weckt Glauben, seine Worte haben Selbstbezeugungscharakter.

Allen Osterberichten gemeinsam ist die Erkenntnis, dass er es wirklich ist. Keiner, dem er erscheint, bleibt zweifelnd oder furchtvoll.

Alle haben schließlich Jesus anerkannt. Nicht nur den Jüngern ist er erschienen; alle, denen er erscheint, macht er zu seinen Jüngern. Jesus erteilt seinen Auftrag und seine Sendung, indem er sich dem Schauen darbietet (Matthäus 28,18 ff.; Lukas 24,27; Markus 16,19; Johannes 20,22 ff.; 21,15; Apostelgeschichte 1,8). Nachdem Jesus erkannt und sein Auftrag gegeben ist, ist er auch schon verschwunden. Durch sein Erscheinen gründet er Glauben, der dann ohne Schauen durchhalten soll.

Unter den oben als Textstellen angeführten Osterberichten

haben wir nun grundsätzlich zu unterscheiden zwischen dem Bericht des Paulus im 1. Brief an die Korinther, Kap. 15,3–10, und den Berichten der Evangelien Matthäus, Markus, Lukas und Johannes (obwohl auch zwischen ihnen im einzelnen noch zu unterscheiden wäre). Dabei verdient der paulinische Bericht als der nach einhelligem Urteil ältere stets den Vorrang, wobei Paulus in 1. Korinther 15, 3–5 noch dazu ein (bereits vor ihm) geprägtes Bekenntnis benutzt, das etwa im 1. Jahrfünft nach Jesu Tod (etwa im Jahre 30) entstanden ist.

Wir finden also im Neuen Testament zwei große Überlieferungen vor: die Erscheinungstraditionen (1. Korinther 15) als die älteren und die Tradition vom leeren Grab (Markus 16) als die jüngere und wahrscheinlich nicht ursprüngliche. (Das Markus-Evangelium entstand vor 70 n. Chr., Matthäus- und Lukas-Evangelium um 85 n. Chr., Johannes-Evangelium um 100 n. Chr.)

Die Grabes- und Erscheinungsgeschichten werden wohl in der älteren Überlieferung unverbunden nebeneinander gestanden haben. Noch Markus gelingt die Verbindung schlecht. Erst bei Johannes sind beide Traditionen fest miteinander verbunden. Das Petrus-Evangelium (außerbiblisch) mischt ältere und jüngste Tradition.

Das erst spät in der Überlieferung der Grabesgeschichte auftauchende Motiv der Grabeswache lässt sodann beispielhaft erkennen, wie die Tradition vom leeren Grab ausgeweitet und ausgemalt wurde. Nach Markus 16,6 und Matthäus 28,6 wird den Frauen der leere Grabplatz vom Engel gezeigt und bei Lukas 24,24 ist die Besichtigung des Grabes durch einige Jünger nur angedeutet. Bei Johannes 20,5–8 tritt die Untersuchung des Grabes durch Petrus und den Lieblingsjünger stark hervor. Im Petrus-Evangelium visitieren Jesu Gegner genau das verlassene Grab; im Hebräer-Evangelium (außerbiblisch) schließlich kommt der Auferstandene selbst einer Visitation zuvor, indem er sein Leintuch der Grabeswache übergibt.

Diese Motive – Grabeswache, Auferstehung vor neutralen Zeugen und Visitation des Grabes – sollten die Wahrheit des christlichen Glaubens verteidigen und zugleich gegenüber allen Irrlehren abschirmen.

Nach den ältesten Traditionsschichten aber haben demnach die Jünger nichts mit dem leeren Grab (Markus 16), die Frauen nichts mit den Erscheinungen des Auferstandenen (1. Korinther 15) zu tun. Der Bericht des Johannes über die Jünger am Grab sagt, wie der wahre Jünger diese Vorgänge aufnehmen soll (»sah und glaubte«), nicht wie ein historischer Jünger sie aufgenommen hat (Johannes 20,5 ff.).

Ablauf der Osterereignisse nach W. Pannenberg, a. a. O., S. 235 ff.:

Die Jünger, für die das schmähliche Ende Jesu in Jerusalem eine Katastrophe bedeutete, sind nach dem Passahfest in ihre galiläische Heimat zurückgekehrt. Die Erscheinungen des Auferstandenen in Galiläa haben sodann den Osterglauben der Jünger begründet und ihre Rückkehr nach Jerusalem veranlasst. Dort fanden sie den Bericht der Frauen von der Entdeckung des leeren Grabes vor, der ihnen als zeichenhafte Bestätigung ihres schon aus Galiläa mitgebrachten Osterglaubens galt.

Während also der Auferstehungsglaube der Jünger in der Selbstoffenbarung des Auferstandenen gründet, führt die isolierte Entdeckung des leeren Grabes die Frauen nicht zum Glauben, sondern zur angstvollen Flucht (Markus 16,8). Erst durch die Erscheinungen des Auferstandenen gewinnt das leere Grab seine Eindeutigkeit. So ist die Überlieferung vom leeren Grab noch keine frohe Botschaft, sondern erst die Überlieferung von den Erscheinungen. Aber die Überlieferung vom leeren Grab unterstreicht die Bedeutung der Erscheinungen.

Nach dem bisher Erörterten lässt sich folgendes sagen: Alle Auferstehungsberichte sprechen von einem analogielosen Ereignis: von der Erscheinung eines Toten. Dabei handelt es sich nicht um Fortsetzung des irdischen Lebens nach Unterbrechung durch Tod und Grab. Vielmehr ist Jesus den Jüngern und Frauen in einer neuen Existenz erschienen. Es ist von daher unsinnig zu fragen, wo der Auferstandene sich zwischen den Erscheinungen aufgehalten hat. Er ist nach den neutestamentlichen Zeugnissen den räumlichen Dimensionen entnommen. Wir haben es mit einer radikalen Durchbrechung weltlich-geschichtlicher Zusammenhänge bzw. mit dem Einbruch eines anderen Bereiches in diesen Raum und in diese Zeit zu tun. Das Gewicht aller Berichte ruht auf dem Erscheinen, das aller Welt entnommen erscheint und doch eine neue Gemeinschaft stiftet. Der Erschienene selbst steht daher im Mittelpunkt, nicht Ort, Zeit und Zeugen. Trotzdem oder gerade deshalb ist die Auferstehung Jesu Christi auch ein wirkliches Ereignis in der Geschichte, insofern sich der Auferstandene eben doch zu einer ganz bestimmten Zeit, in einer begrenzten Zahl von Ereignissen und gegenüber ganz bestimmten Menschen kundgetan hat.

Der Vorgang seiner Auferweckung ist jedoch ohne jeden Zeugen erfolgt. Damit besteht die Schwierigkeit, die Wahrheit dieses Bekenntnisses durch historische Forschung zu beweisen. Ist die Auferstehung ein analogieloses, d. h. jeglicher Entsprechung in der Geschichte ermangelndes Ereignis und hängt die historische Forschung an der Forderung des Analogieprinzips, so folgt sogar daraus: Die Auferstehung ist mit historischen Mitteln grundsätzlich nicht fassbar. Wenn man heute historisch die Frage stellt: Ist Jesus auferstanden, können wir nur antworten: Das lässt sich nicht feststellen.

Die Auferstehungsberichte brauchen deshalb nicht wertlos, erst recht brauchen ihre Aussagen nicht falsch zu sein. Die Osterberichte wie die neutestamentlichen Überlieferungen überhaupt sind eben nicht in historischer, sondern in erbaulicher Absicht verfasst und zeigen auch in ihren ältesten Bestandteilen immer das vom Glauben gestaltete Bild Jesu.

Was ist nun aber historisch sicher zu erkennen? *Historisch sicher* lässt sich nur die geschichtliche Tatsache des *Auferstehungsglaubens der Jünger* und der urchristlichen Gemeinde *und die einende Auswirkung der Haltung der Jünger auf die Geschichte bis heute* feststellen.

Das Problem besteht darin, dass in den Berichten der erhöhte Herr das Bild des irdischen fast aufgesogen hat und die Gemeinde dennoch die Identität des erhöhten mit dem irdischen behauptet. Dieses *Problem* ist das Rätsel, das er uns selber aufgibt. *Gelöst* wird es allein von denen, die seit Kreuz und Auferstehung *ihn als den Herrn glauben und bekennen.* Seine Sache kann heute nur durch die Predigt vom gekreuzigten und auferstandenen Herrn erfahrbare Wirklichkeit werden. Wenn mir etwa beim Hören der zunächst menschlichen Rede »Predigt« dann der Vater im Himmel mein Herz öffnet, trifft mich Jesu Angebot und ich weiß (obwohl ich mir dabei zugleich über die Grenze der Aussagemöglichkeit solcher Formulierung im Klaren sein muss): Er lebt, er ist nicht im Tod geblieben. Er ist auferstanden.

Literatur zum Thema und Quellennachweis

Zum Teil nach einer Vorlesung bei E. Schlink, Heidelberg, Dogmatik II: Christologie, 1958/59

Hans Freiherr von Campenhausen; Der Ablauf der Osterereignisse und das leere Grab, Carl Winter Universitätsverlag, Heidelberg 1958, S. 67

In dem Buch geht es um eine mögliche Rekonstruktion des Ablaufs der Osterereignisse. Den entscheidenden Unterschied zwischen der Rekonstruktion etwa von W. Pannenberg und derjenigen v. Campenhausen markiert folgender Satz: »Der entschiedene Anstoß, der alles ins Rollen brachte, war die Entdeckung des leeren Grabes« (v. Campenhausen). Der Verfasser zeigt auf, dass die Jünger in Jerusalem geblieben und erst durch die Entdeckung des leeren Grabes veranlasst worden seien, nach Galiläa zu ziehen.

Fraglich bleibt bei der These des Verfassers, ob die Jünger nach einer eventuellen Auffindung des leeren Grabes nicht in Jerusalem geblieben wären, wie sie ja in der Tat aufgrund der Erscheinungen Jesu in Galiläa nach Jerusalem zurückkehrten (Pannenberg), und ob die neutestamentlichen Quellen nicht doch voraussetzen, dass die Jünger schon vor Ostern in ihre Heimat flohen und bei der Entdeckung des leeren Grabes nicht mehr in Jerusalem waren.

Eingedenk dieser Schwierigkeit ist aber doch die Studie ein interessanter Versuch, für die Arbeit am Thema unentbehrlich, jedoch für den theologischen Laien recht anspruchsvoll.

Diskussion um Kreuz und Auferstehung; Zur gegenwärtigen Auseinandersetzung in Theologie und Gemeinde; Hrsg. Bertold Klappert, Aussaat-Verlag, Wuppertal 1968, S. 319

Dieser Quellenband ist aus drei Gründen zu empfehlen:

1. Hier sind sonst weit verstreute und deswegen nur schwer zugängliche Texte zusammengestellt, die eine solide Information über die verschiedenen Deutungsversuche von Kreuz und Auferstehung in der neueren evangelischen Theologie ermöglichen. Dabei kommen gegensätzliche Positionen zu Wort, von Bultmann und Barth bis zu Pannenberg und Moltmann.
2. Der Herausgeber hat zu jedem der abgedruckten Texte eine Einführung geschrieben, in der er die Grundlinien des theologischen Denkens der Verfasser andeutet und auf kritische Fragen und Gegenstimmen aufmerksam macht. Dadurch wird Nichttheologen das Verstehen der Texte wesentlich erleichtert, wozu auch die Übersetzungen fremdsprachlicher Zitate, die Begriffserklärungen und kurzen Erläuterungen beitragen, die der Herausgeber in die Quellen eingefügt hat.
3. In der Einleitung gibt der Herausgeber einen Überblick über die verschiedenen Gesichtspunkte, unter denen man Kreuz und Auferstehung betrachten kann: Auferstehung als wirkliches Ereignis in der Geschichte, als Inkraftsetzung der Versöhnung, als die Eröffnung einer neuen Zukunft, als die Aufrichtung des Kerygmas und als die Begründung des Glaubens. Diese Übersicht bietet dem Leser eine ausgezeichnete Orientierungshilfe.

Bei der Rekonstruktion des Ablaufes der Osterereignisse habe ich mich vorzugsweise der Sicht von Wolfhart Pannenberg angeschlossen.

Gerhard Wolfgang Ittel: »Ostern und das leere Grab«, Gütersloh 1967

II. Was für eine Entscheidung! Konstantin der Große als Politiker und »Christ«

1. Vorbemerkung

»… als Politiker und »Christ« ist zunächst streng persönlich zu beziehen und nicht etwa umzudeuten auf das Thema »Kaiser und Kirche« bzw. »Staat und Kirche«. Diese Themen gehören notwendig dazu, doch ist der persönliche Bezug entscheidend zu berücksichtigen.

Das Problem unseres Themas ist so die Frage nach den persönlichen Motiven der (Religions-) Politik Konstantins.

In dem Lösungsversuch musste deshalb vom Elternhaus Konstantins ausgegangen werden, um darauf einen Exkurs über die Religion und Religionspolitik von Vater und Sohn folgen zu lassen; darüber hinaus musste dann später der religionsgeschichtliche Hintergrund (samt der Geschichte der Christenverfolgungen) aufgezeigt werden, vor dem die Toleranzedikte möglich waren. Schließlich wurde an einigen markanten Stellen der Erlasse und Briefe Konstantins seine Religionspolitik und das Problem der persönlichen Motive dieser Politik darzustellen versucht.

Panegyrikus: in der Antike, besonders in der Kaiserzeit eine öffentlich gehaltene Festrede, meist in der Form poetischer Huldigung;

Panegyriker, der den Panegyrikus vorträgt, offenbar in jedem Jahr ein anderer Festredner.

2. Elternhaus und Jugend Konstantins

Flavius Valerius Constantinus ist am 27. Februar zwischen 275 und 280 n. Chr. in Naissus (heute Nisch) in der Nähe von Sofia geboren. Er war der Sohn des Flavius Valerius Constantius (Beiname Chlorus) und der Helena, die aus niederen Verhältnissen stammte. Konstantius, der damals die höchste Beamtenstelle im Römerreich bekleidete, wurde 293 unter Diokletian (284–305) mit Galerius zusammen zum Caesar ernannt, nachdem 286 bereits Maximianus Herculius zum Augustus ernannt worden war, so dass unter Diokletian die Reichsgewalt unter 2 Augusti und 2 Cesares aufgeteilt war[1]. Bereits ca. 289 hatte sich Konstantius von der Konkubine Helena getrennt und die Stieftochter Maximians, Flavia Maximiana Theodora, geheiratet. Zweifellos ermöglicht diese Heirat es ihm, 293 Caesar zu werden. Konstantius war in seinen Lebensansprüchen bescheiden und ein Vorbild persönlicher Beherrschtheit. Seiner Religion nach dachte er monotheistisch: er war ein Verehrer des Sol Invictus, des höchsten Sonnengottes. Den Christen gegenüber nahm er – wohl aufgrund seiner monotheistischen Auffassung – eine freundliche Haltung ein. So hatte er die nikomedischen Verfolgungsedikte unterlassen oder doch abzubremsen versucht. Eine seiner Töchter aus seiner zweiten Ehe führte den christlichen Namen Anastasia, eine andere, Constantia, trat relativ früh als Christin in Erscheinung. Auch liegt es im Bereich des Möglichen, dass die Kaiserin Theodora den Kaiser religiös beeinflusst hat, da sie Christin gewesen sein soll. Das letztere geht aus einer Münze hervor, die

---

1 Diokletian behielt die pont., asiat. und oriental. Dioezese mit Sitz in Nikomedien und ernannte Galerius zum Caesar für die Donaufront; Maximilian behielt Italien und Afrika und ernannte Konstantius zum Caesar für die Rheinfront, d. h. Gallien und Britannien mit den Hauptstädten Trier und später York.

auf dem Avers den Kopf der Kaiserin und ihren Namen, auf dem Revers neben einem Bild der Pietas ein Kreuz zeigt. Nach der damals gültigen Thronfolgeordnung des Diokletian, hatten die Söhne des Konstantius aus der Ehe mit Theodora, Dalmatius, Hanniballianus und Julius Constantius, ein unbedingtes Vorrecht. Konstantin indessen war für die Regierung nicht vorgesehen und wurde, getrennt von seinem im Nordwesten regierenden Vater, im Osten am Hof Diokletians aufgezogen. So kam Konstantin schon früh in die Umgebung und politische Schulung Diokletians, unter dem er den militärischen Rang eines Tribunus primi ordinis erlangte. Schwierig war wohl sein Verhältnis zu Galerius. Als im Jahre 305 Diokletian und Maximian abdankten und Konstantius und Galerius zu Augusti aufrückten, war es eben dieser Galerius gewesen, der bei der neuen Caesarenernennung Konstantin und Maxentius, den Sohn Maximian und Schwiegersohn des Galerius, absichtlich überging und stattdessen seinen Neffen Maximinus Daza und den Saverus vorzog. Nachdem nun Maximin und Severus ihre Herrschaft angetreten hatten, bat Konstantius den Galerius brieflich um die Rückkehr seines Sohnes, der einst vielleicht im Zusammenhang mit der Ernennung seines Vaters zum Unterkaiser als Geisel für die Treue des Vaters zu Diokletian und Galerius geschickt wurde. Es mag sein, dass bei der Bitte um Rückkehr des Sohnes auch die Kränklichkeit des Vaters eine Rolle spielte, der Hauptgrund aber war sie wohl kaum. Galerius seinerseits aber schien entschlossen zu sein, den klugen wagemutigen jungen Fürsten solange wie möglich bei sich zu behalten und beschäftigte ihn zunächst noch mit einigen gefahrvollen Aufgaben. Als Konstantin jedoch stets als Sieger zu Galerius zurückkam, musste dieser ihn notgedrungen ziehen lassen. Doch bereits vor der festgesetzten Zeit reiste Konstantin heimlich ab, lähmte unterwegs die Pferde der kaiserlichen Post, damit ihn niemand verfolgen konnte und gelangte so in glücklicher Flucht nach Gallien. Den Vater traf er in Boulogne; dieser war gerade im

Begriff, gegen die Pikten nach England auszufahren. Konstantin machte den siegreichen Feldzug gegen die Pikten mit. Als Konstantius bald darauf im Jahre 306 in York starb, riefen die Truppen den jungen Konstantin zum Augustus aus. Konstantin fand die Anerkennung des Galerius, musste sich jedoch mit dem Caesartitel begnügen. Nun trieb aber die Erhebung Konstantins den anderen übergangenen Kaisersohn, Maxentius, dazu, mindestens die gleiche Würde an sich zu reißen: Maxentius ließ sich von den Prätorianern, die darüber erbost waren, dass Galerius das Prätorianerlager in Rom aufheben wollte, auf den Schild heben. Auf die Thronerhebung des Maxentius antwortete Galerius mit dem Befehl an Severus, mit dem von diesem übernommenen Heer des Maximian gegen Maxentius zu ziehen. Da veranlasste der letztere seinen Vater Maximian, von Neuem den Purpur zu nehmen. So gingen Maximians alte Soldaten von Severus zu ihrem früheren Feldherrn über, so dass Severus fliehen musste und bald darauf von Maxentius getötet wurde. Wenig später gerät auch Galerius der neuen Rebellion gegenüber in Bedrängnis und muss Italien verlassen, um nicht das Schicksal des Severus zu teilen. Maxentius aber dankte seinem Vater die Hilfe gegen Severus schlecht, indem er das Heer durch Bestechung an sich zog und sich von seinem Vater lossagte. Maximian seinerseits begab sich daraufhin mit seiner Tochter Fausta nach Gallien zu Konstantin, den er für sich gewann durch die Zusage, der Augustus werbe um die Hand seiner Tochter, nicht jedoch für ein bewaffnetes Einschreiten gegen Maxentius. Ungeachtet des neuen Augustustitels Konstantins wurde bei einer Kaiserkonferenz mit Diokletian, der auf Veranlassung des Galerius noch einmal das Konsulat übernommen hatte, 307 in Carnuntum Valerius L. Licinius zum Augustus ernannt. Damit gab sich Konstantin keineswegs zufrieden und wie Galerius den Maximin, so musste er schließlich auch Konstantin anerkennen. Also gab es im Jahre 307 sechs Augusti: Galerius, Maximin, Konstantin, Licinius, Maximian, Maxentius.

Bei einem zweiten Aufenthalt (310) in Gallien, Konstantin war gerade mit einem der Frankeneinfälle beschäftigt, zettelte Maximian ein Komplott gegen seinen Schwiegersohn an, wurde jedoch in Marseille von Konstantin überrascht und begnadigt. Nach dem überwiegenden Teil der antiken Überlieferung soll er danach einen Mordanschlag gegen Konstantin versucht haben; daraufhin verurteilte man ihn zum Tod, überließ ihm selbst die Ausführung der Strafe: er erhängte sich. Wenn das letztere stimmt, wäre Verwandten-Mord jedenfalls nicht die rechte Bezeichnung. Als Galerius im folgenden Jahr (311) starb, kam es zwischen den übriggebliebenen Augusti (Maximin, Konstantius, Licinius, Maxentius) sehr bald zu Auseinandersetzungen über das Erbe.

3. Die Schlacht am Ponte Molle

Exkurs (zur Religion des Vaters und des Sohnes):
Vom Augenblick seiner Erhebung an hat Konstantin die christenfreundliche Haltung seines Vaters fortgesetzt. So hat er von den vier sogenannten nikomedischen Edikten in seinem Reichsteil (Gallien und Britannien) wohl nur das erste Edikt befolgt; dieses war gegen die christlichen Gemeinden gerichtet und sprach das Versammlungsverbot, die Zerstörung der kirchlichen Gebäude und die Auslieferung der heiligen Schriften aus.[2] Die christenfreundliche Haltung von Vater und Sohn lässt vielleicht Rückschlüsse zu auf das Verhältnis der väterlichen Religion zu der des

---

2   Das zweite Edikt befahl die Gefangensetzung des christlichen Klerus; nach dem dritten Edikt sollten die Kleriker zum Vollzug heidnischer Opfer gezwungen werden; ein viertes Edikt befahl überhaupt das Kaiseropfer allen Christen im Reich.

Sohnes. Aus den ersten Regierungsjahren haben wir über ein persönliches Bekenntnis Konstantins kein eindeutiges Zeugnis. Als Quelle für diese Zeit sind wir ausschließlich auf die Münzen angewiesen und aus diesen ist zu ersehen, dass Konstantin sich etwa vom Tod Maximians an vom Polytheismus abgewendet hat, denn von dieser Zeit an verschwinden Herkules und Jupiter, die fiktiven Ahnherren und Schutzgötter des Diokletian und Maximian, von den Münzen des Kaisers. An ihre Stelle tritt der Sol Invictus – Apollo, der von da an auf zahlreichen Münzen Konstantins dargestellt ist. Wir erinnern uns hier daran, dass ja auch der Vater, Konstantius, ein Verehrer des Sol Invictus, des höchsten Sonnengottes war. Mehr als die Tatsache jenes Umschwungs lässt sich auch aus den Panegyrikern nicht entnehmen: Der Panegyriker des Jahres 307 enthält noch keinen Hinweis, der des Jahres 310 zeigt, dass die Wende bereits vollzogen ist. Es ist wohl mit Sicherheit anzunehmen, dass der Besuch Konstantins im Apollo-Tempel Grand (Vogesen) bereits ein Zeichen des erfolgten Umschwungs – wenn auch wohl kaum der Anlass dieses Umschwungs – war: Als nämlich Konstantin, nachdem er die Revolte Maximians niedergeschlagen hatte, wegen eines Germanenaufstandes wieder an den Rhein eilte, die dortigen Unruhen aber auf die bloße Kunde von Konstantins Rückkehr zusammenbrachen, kehrte er in den berühmten Tempel ein. Dort erschien ihm in einer Vision, so berichtet der Panegyriker[3], der Gott, begleitet von der Victoria und reichte ihm zwei Lorbeerkränze, in deren Mitte sich ein geheimnisvolles Zeichen befand, das Konstantin als Voraussage seiner Tricennalien auslegte.

Warum aber wählte Konstantin gerade den Sol Invictus – Apollo? Zunächst einmal wird es der solare Monotheismus als Erbe des Elternhauses gewesen sein, der zu der Wahl Veranlassung gab. Der Sonnengott ist ja in besonderer Weise dazu geeignet, alle

---

3   Höhn S. 98; Kraft S. 10, Anm. 1: Päng. YI 21, 3; Burckh bezeichnet jenen Tempelbesuch als das erste, selbständige religiöse Lebenszeichen Konstantins.

Götter in sich zu vereinen und eine Gottheit zu repräsentieren, die sich über den Polytheismus erhebt. Der Sonnengott wird so eben als Obergott, als höchster Gott (Summus Deus) dargestellt. Der Begriff »Summus Deus« setzt zwar voraus, dass es noch andere, nämlich niedere Götter gibt, weist jedoch andererseits deutlich auf eine monotheistische Tendenz hin, die bekanntlich ein allgemeiner Zug der damaligen Religion und Philosophie war. Mit ihrem Zug zum »Monotheismus« aber näherte sich die römische Religion zugleich dem Monotheismus der christlichen Religion, wobei natürlich die Unterschiede gewahrt wurden, insofern eben der christliche »Summus Deus« gegenüber dem heidnischen der einzige Gott ist. Trotz der Unterschiede waren die Grenzen jedoch fließend; das sehen wir eben bei Konstantius und Konstantin: Der Vater war ein Verehrer des höchsten Gottes in der Gestalt des Sol Invictus, aber mit deutlicher Sympathie für das Christentum, der Sohn setzt diesen Weg entsprechend fort.

Aber noch aus einem zweiten Grund hatte Konstantin den Sol Invictus – Apollo gewählt. Durch die Wahl dieses Gottes konnte er nämlich den Anspruch auf die Gesamtherrschaft verkündigen. Das wird deutlich an der Symbolik der Münzen, die eine ganz bestimmte Verbundenheit zwischen Apollo und Konstantin ausdrückt: »Ein Stern, der einer weithin leuchtenden Sonne gleicht. Und in den Zügen Apolls erscheint auf seinen Münzen der Sol Invictus, der Sonnengott, als sein Begleiter oder als der Gott, der ihm den Sieg verleiht, in dessen Gestalt die synkretistischen Vorstellungen antiker Religionen sich vereinigen: auf einer Goldmünze des Kaisers sind die ›Brustbilder des umstrahlten Sol und des lorbeerumkränzten Kaisers‹ so hintereinander gestellt, ›wie auf den Ehemünzen der Ptolemäer Königin und König‹. Konstantin sah in seiner Regierung und Herrschaft Gaben des Sonnengottes und glaubte sich persönlich unter seinem Schutz. Übrigens spiegelt sich jene Vision im Apoll-Tempel in dieser Münzsymbolik noch einmal deutlich wider, denn die Elemente der Vision,

Apollo + Viktoria + Kranz, sind auch Bestandteile der Münzsymbolik. Dass der Gott dem Kaiser einen Kranz darreicht, kommt auf Münzen sehr häufig als Thema vor, der Kranz ist dabei Siegessymbol. Für den Panegyriker des Jahres 310 ist es daher völlig klar, aus der Beziehung zwischen Konstantin und dem Sonnengott Konstantins ein Recht auf die Oberherrschaft abzuleiten: Dem Sonnengott als Himmelsherrn entspricht Konstantin als oberster Herrscher.

Im Zusammenhang mit diesem ganzen Umschwung steht auch der Wechsel, den Konstantin in der Ableitung seines Machtanspruches vornahm: Bis zum Tode Maximians hatte er stets versucht, als rechtmäßiges Glied der diokletianischen Tetrarchie zu erscheinen; von da an aber stützte er seine Ansprüche nur noch auf seine Abstammung von Claudius Gothicus, eine Nachricht, mit der die Römer im Jahre 310 erstmals überrascht wurden und die, weil sie weder widerlegt noch begründet werden kann, eine ständige Behauptung bleiben muss. – Die Frage, ob Konstantins Wende zum Sol Invictus einer Bewegung in Konstantins Glauben entspricht, muss schon deshalb offen bleiben, weil wir darüber nichts wissen. Wir werden aber noch sehen, was dieser Wendepunkt für Konstantins künftige Religionspolitik bedeutet. Bis etwa 310 jedenfalls war seine Religionspolitik zurückhaltend, ebenso seine sonstigen Maßnahmen: er sicherte seinen Herrschaftsbereich, indem er seine Stellung vor allem an der gefährdeten Germanengrenze ausbaute und das Heer seines Vaters schlagkräftig erhielt.

Der Tod des Galerius im Jahre 311 hatte weitreichende Auswirkungen. Maximinus Daza ließ seine Truppen bis an den Hellespont vorrücken und das asiatische und pontische Gebiet und Nikomedien besetzen, Licinius nahm das europäische Ufer ein. Auch die Beziehungen zwischen Maxentius und Konstantin verschärften sich, so dass es zwischen diesen beiden zuerst zum Treffen kam.

Durch einen kühnen Angriff Konstantins kam es am 28. Oktober 312 zur Schlacht an der Milvischen Brücke (Pons Milvius oder Mulivus, Ponte Molle, bei Rom), genauer gesagt bei Saxa Rubra; die unübersehbare Schlachtlinie des Maxentius soll nämlich von den Höhen nördlich des Flüsschens Valca und dem Ausläufer des Mont'Oliviera über Saxa Rubra bis an den Tiber, den sie im Rücken hatte, verlaufen sein. – Maxentius wurde geschlagen und ertrank im Tiber. Der Sieg gehörte Konstantin, der damit der Herr Roms, Italiens und Nordafrikas, also fast des ganzen Westens wurde. Der Senat und die Bevölkerung Roms empfingen den Sieger triumphal. Der Senat verlieh ihm den Titel »Maximus« und die Stellung des rangältesten Augustus, die einst Diokletian und bis dahin Maximinus Daza innehatte. Auch beschloss der Senat für Konstantin als aurum coronatium ein Bild des Apollo-Sol in Gold. Die Münzstätte Tarraco prägte nach dem Sieg am Ponte Molle Stücke mit dem Bild des Sol Invictus, der von der Victoria begleitet ist. Dasselbe Paar beherrscht auch den für das Jahr 315 vom Senat zu Ehren Konstantins errichteten Triumphbogen. Die heutige Inschrift des Bogens besagt, der Sieg sei »auf Eingebung der Gottheit« (»INSTINCTV DIVINITATIS«) erfochten worden. Nun hat Burckh darauf aufmerksam gemacht, dass unter diesen Worten eine frühere Lesart durchschimmert: »Auf den Wink des höchsten und besten Jupiter« (NVTV.IOVIS.O.M. usw.). Burckh nimmt an, dass die Änderung angebracht wurde, als Konstantin die wohl ohne sein Wissen verfasste Inschrift zum ersten Mal sah, nämlich bei der Decennalien-Feier 315. Wie dem auch sei, mit Recht sagt Burckh a. a. O., die Korrektur stelle den Imperator weniger als Christ dar, der genitivus singularis DIVINITATIS sei höchstens ein Hinweis auf den Monotheismus. Der Sprache des Triumphbogens entsprechend erscheint so auch in einer der Festreden zum Sieg von 312 der Summus Deus und die »summa bonitas«. Und in der Ausgabe seiner Divinä institutiones feiert Laktanz, der Erzieher des Kaisersohnes Crispus, Konstantin als den ersten Kaiser, der »providentia summae divinitatis« auf die höchste Stelle im Reich berufen wurde. Hönn a. a. O. nennt diese ganze Sprache eine Angleichung an einen verschwommenen heidnischen Monotheismus, der sich christlichem Deismus nähert.

Wie hätten wir also nach dem bisher Dargelegten die religiöse Einstellung des Kaisers um die Zeit des Kampfes mit Maxentius zu beurteilen? Die oben angeführten Zeugnisse aus dieser Zeit zeigen offenbar: Die religiöse Situation des Kaisers um das Jahr 312 war keine andere als die, die wir etwa aus dem Jahr 310/11 kennen und die sich in den Jahren 306–311 entwickelt hatte.

Damit aber sind wir mit der Beurteilung noch keineswegs zu Ende, denn zwischen 312 und 315 liegt ja das »Toleranzjahr« 313, das der christlichen Religion staatlichen Schutz bringen sollte. Lag diese Maßnahme nun auch auf der Linie einer christenfreundlichen Haltung des Kaisers, die dieser dann verstärkt fortsetzte, oder geht diese Maßnahme etwa auf eine radikale Änderung der kaiserlichen Religionspolitik, schließlich gar auf eine Änderung der eigenen religiösen Einstellung Konstantins zurück bzw. bedeutet diese Maßnahme eine solche Änderung? Wir haben Zeugnisse, die in der Tat darauf hinweisen könnten und die gleichzeitig im Zusammenhang mit der Schlacht am Ponte Molle stehen:

1. Laktanz erzählt in seiner Schrift »De mortibus persecutorum« (verfasst etwa um 314), vor der Schlacht sei Konstantin im Traum ermahnt worden, das himmlische Zeichen Gottes auf den Schilden der Soldaten anbringen zu lassen und so die Schlacht zu beginnen; er habe getan, was ihm befohlen war und habe, indem er den Buchstaben X drehte (nach Höhn, S. 110: »waagerecht legte«) und die oberste Spitze umbog, Christus auf die Schilde zeichnen lassen.
2. Eusebius in dem 315 angefügten 9. Buch seiner Kirchengeschichte sagt dort noch nichts von einem Traum oder einer Vision, weiß nur zu berichten, Konstantin habe Gott und Christus um Beistand angerufen.

3. Über 20 Jahre später konnte Euseb in einer Rede auf den 337 verstorbenen Kaiser seine Kirchengeschichte wesentlich ergänzen. Der neue Bericht nimmt deutlich die Version von 315 nochmals auf, erweitert sie jedoch um die Bitte einer Offenbarung über Gottes Wesen und fährt dann fort: Am Nachmittag (vor dem Angriff) habe über der Sonne ein Lichtkreuz geleuchtet mit der Beischrift +) = in diesem Zeichen siege! Der Kaiser mit seinem ganzen Heer sah das mit Staunen. In der folgenden Nacht erschien Christus mit dem Lichtkreuz in der Hand dem Konstantin und ermahnte ihn, eine Nachbildung des himmlischen Zeichens anzufertigen. Daraufhin wurde die als »Labarum« bekannte Standarte der kaiserlichen Leibwache geschaffen, die durch ihren waagerechten Balken das Kreuz nachbildet und in einem Kranz das Christusmonogramm trägt. Das hat der Kaiser seinem Historiker in späteren Jahren selbst erzählt und die Wahrheit eidlich bekräftigt.

Wie sind die Zeugnisse des Laktanz und des Euseb zu beurteilen? Kraft hat versucht, einerseits in den Berichten des Laktanz (Bericht 1) und des Euseb (Bericht 3) sozusagen »Ursprüngliches« und »Legendäres«, das heißt christlich Überarbeitetes voneinander zu trennen, andererseits das Gemeinsam-Ursprüngliche herauszuarbeiten. Dass die angeführten Zeugnisse überarbeitet bzw. komponiert sind, sehen wir z. B. deutlich an einer Naht des Euseb-Berichtes (3). Wie nämlich Kraft a. a .O. gezeigt hat, fügen sich der Bericht des Kaisers – wenn man ihn einmal als solchen nimmt – und die legendäre[4] Traumerscheinung nur sehr unvoll-

---

[4] Nach Kraft a. a. O. nimmt Euseb diese Legende auf, obwohl sie gar nicht in seine Schilderung (»vita«) passt. – Zu dem Eusebius-Bericht 3 im Ganzen weist W. Seston, Mel. Cumont (zit. nach Höhn S. 235) darauf hin, dass die Vision 1. Par Eusebe dans toutes les editions de son H. E. est passee sous silence; 2. Est ignoree par Cyrille de Jerusalem vers 352.

kommen aneinander; das Zeichen der Vision stimmt nicht mit dem Labarum überein, an das Euseb dabei denkt und der Verfasser muss Konstantin erst künstlich (Kaiser und Heer staunten!) über das von ihm erbetene und an sich klare Zeichen in Unklarheit setzen, um Vision und Legende nebeneinander unterbringen zu können. Nach Abzug der tendenziösen Entstellungen sei aber (so Kraft a. a. O.) den Berichten gemeinsam, dass sie das Zeichen (nämlich die Vereinigung von Kreuz und Sonne = Lichtkreuz) auf die gleiche Weise überlieferten. Außerdem gingen diese Berichte auf Konstantin selbst zurück, er habe ja auch seine Worte eidlich bekräftigt, so dass man wohl annehmen könne, dass er an die Wahrheit seiner Rede glaubte; es könne demnach nicht bezweifelt werden, dass Konstantin von dieser Vision erzählt habe. Die Echtheit des Erlebnisses hänge jetzt nur noch von unserem Vertrauen auf Konstantins Worte ab. Zu diesem Schluss Krafts kann ich allerdings nicht kommen, denn es sind doch stets die Worte Konstantins, die aus den Werken des Euseb und des Laktanz zu uns reden. Das darf nicht vergessen werden, denn diese Werke verfolgen ja eine bestimmte Absicht: Laktanz will in seinem Werk (De mort.) darstellen, dass die Kaiser, die die Christen verfolgten, »schlechte« Herrscher waren (was für Konstantin eben nicht zutrifft, entsprechend positiv beurteilt er ihn) und zeigen, dass sie den Tod erleiden mussten, der ihrer christenfeindlichen Politik gebührte.

Dieselbe Tendenz findet sich übrigens bei Eusebius (h. e. X 9) und in der Rede Konstantins an die heilige Versammlung (Kap. 24); die »Oratio ad sanctos« aber steht am Ende von Eusebs »De vita Constantini« und diese wiederum ist eine Lobschrift auf den Kaiser, die, tendenziös zugunsten Konstantins überarbeitet, erst geraume Zeit nach dem (339 erfolgten) Tod Eusebs erschien[5].

Die genannten Schriften des Euseb und des Laktans sind uns

---

5 Höhn S. 203; vgl. dazu die (natürlich übertönt) scharfen Worte Burckh zum Unwert von Eusebs Konstantin-Biographie, Burckh S. 223 f. – Von dem oben genannten Werk Eusebs ist zu trennen Eusebs Historia Ecclesiastica, die durch die sorgfältige Sammlung des urkundlichen Materials die Grundlage der Geschichte der Alten Kirche bis auf Konstantin ist.

als einseitige Parteischriften für viele Einzelheiten sehr wertvoll – wir werden sie auch für unser Thema noch entsprechend heranzuziehen haben –, jedoch hinsichtlich der hier auftauchenden Frage mit äußerster Vorsicht zu behandeln. Denn »Konstantins Andenken hat in der Geschichte wohl das größte denkbare Unglück gehabt«; mussten ihm die heidnischen Schriftsteller aus verständlichen Gründen feindlich gesinnt sein, so bemühten sich die Christen immer wieder darum, den Kaiser schon sehr früh zu ihrem Vorkämpfer zu machen. So ist hier wohl Legendenbildung auf christlicher und heidnischer Seite vorhanden.

Andererseits spielen Prodigien (Vorab-Visionen und Träume) bei den Römern eine hervorragende Rolle. Wenn wir hier keine Beispiele nennen wollen, können wir gleich bei Konstantin selbst bleiben und bei seiner ersten Vision in jenem Apollo-Tempel, von der uns der Panegyriker des Jahres 310 berichtete. Vielleicht können wir überhaupt im Zusammenhang mit dieser Vision etwas Höheres über jene des Jahres 312 aussagen. In der Tat hat ja die Stelle vom Besuch des Apollo-Tempels (Paneg. VI 21,3 ff.) durch H. Gregoire eine interessante Deutung erfahren. Gregoire wollte hier den Niederschlag eines visionären Erlebnisses Konstantins finden und vermutete weiter, jene heidnische Vision sei später zur christlichen Vision des Jahres 312 umgestaltet worden. Bei der Rolle, die Prodigien bei den Römern spielten, braucht man jedoch nicht unbedingt die eine Vision gegen die andere auszuspielen oder die eine mit der anderen zu identifizieren. Allein gegen die christliche Vision des Jahres 312 sprechen neben den oben erwähnten Gründen, die man gegen die Echtheit der Visionsberichte anführen kann, die Münzen und der Triumphbogen[6]. Auf dem Triumphbogen erscheint nirgends etwa ein

---

[6] Wenn im Jahre 315 ein Stempelschneider in Pavia neben die Figur des Gottes ein Kreuz setzt, so ist das ein persönliches Bekenntnis. Er hat es auch auf den nächsten Emissionen der gleichen Münze nicht wiederholt. – Es gab tatsächlich Münzen mit Zutaten des christlichen Münzpersonals, die sporadisch auftraten, für Konstantin aber nicht eigentümlich sind, sondern sich z. B. auch bei Maxentius finden.

Christusmonogramm, auch nicht in den Schlachtszenen vom Ponte Molle, auf den Schilden der Soldaten. Es ist natürlich immer wieder und einerseits auch mit Recht darauf hingewiesen worden, dass der Senat, der Erbauer des Bogens, heidnisch war und blieb und deshalb auch nur die heidnische Fassung des Siegeswunders am Ponte Molle wiedergeben könne. Das das Siegeswunder andeutende und den Kampf begleitende (nämlich auf den Schilden der Soldaten[7]) Siegeszeichen hätte aber trotzdem, besonders nach dem wirklichen Eintritt des Sieges, bekannt sein müssen und bei einer einigermaßen naturgetreuen Wiedergabe der Schlacht auf den Bogenreliefs hätte dieses Zeichen doch einen entsprechenden Niederschlag finden können, zumal die Schilde dort relativ groß erscheinen und gut zu sehen sind.

Die christliche Literatur hat also wohl einige Jahre nach der folgenschweren und von Sagen und Legenden umwobenen Schlacht am Ponte Molle schüchtern damit begonnen, diese Legenden (vgl. die Berichte des Laktanz und Euseb) und Konstantins vorsichtige religiöse Haltung christlich umzudeuten. Ich halte es deshalb mit Höhn a. a. O. für wahrscheinlich, dass

1. die durch den Panegyriker bekannte, offizielle Legende der Vision des Jahres 310 zur Kreuzesvision von 312 umgestaltet wurde,
2. das römische signum laureatum, ein lorbeergeschmücktes, vielleicht mit einem X[8] versehenes Feldzeichen zum sogenannten »Labarum«[9], der kreuzähnlichen Fahne wurde,

---

7   Es waren etwa 25.000–30.000 Mann; Konstantin hatte den größeren Teil seines Heeres zur Sicherung der Germanengrenze am Rhein gelassen.
8   Nach Höhn, S. 113 ist das X das Zahlzeichen der Vota für ein zehnjähriges Regierungsjubiläum. Vgl. dazu EKL II; Sp. 1442: »Die Kombination beider Buchstaben (XP) ist vorchristlich; sie konnte z. B. als Kurzform für Namen oder als Geldwertangabe auf Münzen erscheinen.«
9   Erst 317 wurde anlässlich der Ernennung der Söhne Konstantins zu Cäsaren das Labarum geschaffen, die Standarte mit dem Monogramm Christi am Lanzenschaft (vgl. Höhn, S. 123); diese Standarte wurde erstmals 324 im Kampf mit Licinius verwendet.

3. auch das Standbild, das Konstantin nach seinem Einzug in Rom 312 errichtet haben und auf dem er eine als Kreuz ausgebildete Lanze in der Hand getragen haben soll, nur eine christliche Umgestaltung einer Statue mit dem vexillum, dem römischen Feldzeichen, das man mit einem Kreuz vergleichen könnte, ist. Die Inschrift der Säule aber lautete: unter diesem heilbringenden Zeichen habe er (Konstantin) die Stadt vom Tyrannen befreit. Mit Recht hat Burckh dazu bemerkt, ein echtes Bekenntnis zum Christentum hätte doch ganz anders lauten müssen.

Nach der Verkündigung der nikomedischen Verfolgungsgesetze stehen wir, trotz deren (teilweisen) Nichtbeachtung durch Konstantius und Konstantin, vor der immerhin erstaunlichen Tatsache, dass bald nach der schwersten Christenverfolgung dem Christentum 313 durch Konstantin staatliche Duldung gewährt wurde. Wir haben nach einem Motiv Konstantins für diese »plötzliche« Maßnahme gesucht und konnten in der sogenannten »Kreuzesvision« von 312 wegen ihrer tendenziösen und legendären Bezeugung ein solches Motiv nicht finden. Da auch der Sieg von 312 als solcher keineswegs die Maßnahme von 313 nahelegte, andererseits die Vision des Lichtkreuzes als Siegeszeichen nicht unbedingt Voraussetzung dieses Sieges sein musste, Konstantin seinerseits aber sogleich nach dem Sieg von 312 eine Politik der Begünstigung der katholischen Kirche begann, so wenden wir uns nun dieser Politik selbst zu.

4. Die Toleranzedikte

Bei genauerem Hinsehen kam das Toleranzedikt von 313 gar nicht so überraschend, wie es vielleicht auf den ersten Blick scheinen mag. Diesem Edikt ging nämlich ein anderes vom Jahre 311 voraus, das Galerius, bereits auf dem Sterbebett liegend, erließ und an dem wahrscheinlich auch schon Konstantin mitgearbeitet hat. Ein von Galerius erlassenes Toleranzedikt zugunsten der Christen aber muss uns erst recht in Staunen setzen, denn seine christenfeindliche Haltung ist allenthalben bekannt. Er soll übrigens der heimliche Initiator der Nikomedischen Verfolgungsgesetze gewesen sein, so dass Berkh gemeint hat, es sei wohl richtiger, hier von der »Verfolgung des Galerius« zu sprechen. Um einige Vermutungen anzustellen über die Gründe, die zu dem ersten und dann auch zum zweiten Edikt geführt haben könnten, fragen wir zunächst nach dem weltanschaulichen und geschichtlichen Hintergrund, vor dem solche Maßnahmen möglich waren.

Hier hat zunächst Berkh besonders darauf hingewiesen, dass in der römischen Religion »die innere Überzeugung« eine völlig sekundäre, ja unwesentliche Rolle spielt: »**Nach Auffassung der alten Römer ist Religion kein Glaube, sondern eine Tat. Was man bei dieser Tat denkt, tut eigentlich nichts zur Sache.**« Die römische Religion beginnt und endet beim Kult. Und der Kult ist in der Hauptsache Opfer. In den Opfern aber bieten die Römer ihren Göttern das an, was, wie sie meinen, diesen angenehm ist – und zwar mit der Absicht, jetzt umgekehrt von den Göttern zu empfangen, was sie selbst (die Römer) nötig haben: Frieden und Wohlfahrt für das Römische Reich. Das Verhältnis des Menschen zur Gottheit ist also gekennzeichnet durch die Formel »*do-ut-des*«: ich gebe, damit du im Tausch mir gibst. Dieses do-ut-des-Prinzip galt noch

mehr im römischen Opferwesen als im griechischen. **Zusammengefasst kann man sagen:**
1. Das Ziel des do-ut-des-Verfahrens ist der Erwerb von Erfolg, Wohlfahrt, Frieden, Macht.
2. Weil der Staat und seine Lenker für Frieden und Wohlfahrt sorgen, sorgen sie natürlich zuerst für die Opfer, die die Götter günstig stimmen sollen.
3. Die Religionsübung ist deshalb erste Bürgerpflicht.
4. Aber nur bei gewissenhafter Erfüllung dieser Pflicht durch alle Bürger darf man die Gunst der Götter erwarten.
5. Dies gilt ohne Rücksicht auf die persönliche Überzeugung des Bürgers, die dieser haben kann und haben mag, die ihn jedoch nicht seiner kultischen Staatspflichten enthebt.
6. Die Ausübung der letzteren hat vielmehr eine doppelte Bedeutung: Erwerb der Gunst der Götter und einheitliche Zusammenfassung des Reiches.

Zur Weltanschauung des Römischen Staates, die ja einst mit dem römischen Polytheismus identisch war, gehört aber noch etwas anderes. Diese Weltanschauung hatte sich nämlich im Laufe des dritten Jahrhunderts unter den syrischen Kaisern synkretistisch erweitert bzw. unter Aurelian (270–275) aber auch monotheistisch zentralisiert. Aurelian schlug die Sonne vor als Summus Deus und als besonderen Beschirmer des Römischen Reiches. Diese neue Religionspolitik gab zugleich der Kaiserverehrung, die bereits seit langem viel von ihrer verbindenden Kraft verloren hatte, neuen Auftrieb, denn – da Aurelians Mutter eine Sonnenpriesterin war und er selbst sich für einen Nachkommen des Sonnengottes hielt – bestand nunmehr die Möglichkeit, die Göttlichkeit des Kaisers stärker zu betonen: Der Kaiser betrachtet sich jetzt nicht mehr als eine Gottheit neben anderen, sondern als Abkömmling oder irdischer Repräsentant des Summus Deus. Diese Reichsideologie mit ihren beiden Polen, dem Summus

Deus und dem göttlichen Kaiser, galt auch im Jahre 313 noch (oder doch wenigsten bis 313). Dieser römischen Weltanschauung stand – ungeachtet ihrer Tendenzen zum »Monotheismus« – das Christentum schroff gegenüber. Der christliche Glaube ist etwas Innerliches, Individuelles, ein persönliches Verhältnis des Menschen zu Gott. Dieser Gott ist für den Christen der personhafte Schöpfer, der über seiner Schöpfung steht. Der Glaube an diesen Gott bedeutet also eine radikale Entgöttlichung der Welt. Vor allem aber: der Christengott duldet keine anderen Götter neben sich. Damit ist zugleich klar, dass sich die Christen in keiner Weise am römischen Staatskult (einschließlich der Kaiserverehrung) beteiligen können. Dadurch aber wiederum stören sie den Kult, reizen die Götter und zerstören die Einheit des Reiches. Wenn man nicht gegen die Christen einschreitet, ist die Staatsreligion gefährdet. Daher erklärt sich offenbar die Sorge Plinius' des Jüngeren (unter Trajan (98–117) Statthalter in Bithynien), die große Zahl der Christen könne die regelmäßige Verrichtung des Kultes gefährden. Daher auch erlässt Decius (249–251) ein Edikt, in dem das Opfer für die Staatsgötter zur gesetzlichen Pflicht erklärt wird und daher ergehen die nikomedischen Verfolgungsgesetze.

Vor diesem Hintergrund wollen wir nun die Toleranzedikte von 311 und 313 betrachten. Laktanz, der den Text des Galerius-Ediktes in seinen Bericht eingefügt hat, versteht dieses Edikt als Sündenbekenntnis – ähnlich wie Euseb. Der todkranke Kaiser beschuldigt jedoch noch in seinen letzten Worten (im Edikt nämlich) die Anhänger des neuen Glaubens derart, dass sich eine Bußdeutung verbietet. Lietzm hat darauf hingewiesen, dass man in der dürftigen Formulierung der durch Maximins Präfekt Sabinus erlassenen Ausführungsbestimmung des Edikts noch das Missvergnügen des Kaisers über diese Konzession deutlich spüren könne; und Burkh bemerkt, Galerius habe ein »mürrisches« Edikt erlassen. Wenn aber nun andererseits das Edikt von 311 trotzdem Toleranz gegenüber den Christen proklamiert, so wird die Vermutung richtig sein, dass das Edikt nicht auf Galerius allein zurückgeht. Berkh äußerte, vielleicht ginge das Schriftstück überhaupt auf Konstantin zurück. (In seinem Buch »Die Theologie des Eusebius von Cäsarea«, 1939, S. 20, ließ Berkh das Edikt »wohl auf Anregung Konstantins« ergangen sein.) Nach Burckh haben zumindest die Mitregenten Konstantin und Licinius den Erlass mitunterzeichnet. Lietzm schließlich vermutet, Konstantin habe in Verhandlungen mit dem sterbenden Kaiser die Aufhebung der Christenverfolgungen erzwungen. Danach dürfen wir also annehmen, dass Konstantin hier jedenfalls seine Hand mit im Spiel hatte. Warum wird nun das Edikt erlassen? Galerius sagt darin: »Und da wir sehen, dass dieselben (die Christen) weder den Göttern die schuldigen kultischen Ehren bezeugen, noch den Gott der Christen verehren, so beschließen wir, ihnen die Ausübung ihres eigenen Gottesdienstes freizugeben«. Dieses merkwürdige Motiv, dass der Trotz der Christen gegen die Götter, so lange Grund zu ihrer Verfolgung, jetzt plötzlich der Grund für ihre Duldung sein soll, wird nur vom do-ut-des-Prinzip her verständlich: Die Gunst der Götter, von der die Wohlfahrt des Staates abhängt, wird durch einheitlichen, ungestörten Kult erworben. Verweigern die Christen diesen Kult, so müssen sie zu den Opfern gezwungen werden; weigern sie sich immer noch, so müssen sie ausgerottet werden. Galerius hat indessen erfahren: Die Christen sind einfach nicht auszurotten und die einzige Erklärung dafür ist die: Ihr Gott beschützt sie offenbar und ist dem Streit wider die Staatsgötter durchaus gewachsen. Der Gott der Christen ist also eine Realität, mit der man rechnen muss, ebenso wie mit den Staatsgöttern. Denn der Zorn der Götter, also auch der des Christengottes, entbrennt, wenn ihre rechtmäßige kultische Verehrung aus irgendeinem Grund vernachlässigt wird. Nachdem die Verfolgungen die Realität des Christengottes erwiesen haben, muss nun aber auch sein Kult (keine Opfer, sondern

Gebete!) gleich wie die ganze Staatsreligion auf die Erhaltung des Reiches gerichtet werden. Der Zweck des Edikts ist daher: »Deshalb werden sie dieser unserer Nachricht entsprechend ihren Gott anzurufen haben für unser, des Staates und ihr eigenes Wohlergehen, damit der Staat in jeder Beziehung unversehrt bewahrt bleibe und sie ohne Sorge an ihren Wohnsitzen leben können.« So ist also im Jahre 311 die Verehrung des Christengottes und damit dieser selbst staatlich anerkannt worden. Wie ist aber nun das Verhältnis des Christengottes zur römischen Staatsreligion mit ihrem Summus Deus zu bestimmen? Vielleicht gibt uns das Toleranzedikt von 313 darüber Auskunft.

Zu Anfang des Jahres 313 traf Konstantin in Mailand mit Licinius zusammen, der seinerseits gekommen war, um sich mit Konstantins Schwester, Konstantia, zu vermählen. Bei dieser Gelegenheit einigte man sich auch über die künftige Religionspolitik[10], besonders über die Behandlung der Christen. Die hier gefaßten Beschlüsse sind uns nur aus der Ausführungsbestimmung des Licinius für den Osten bekannt: Den Christen wird die volle Kultfreiheit und Gleichberechtigung mit den heidnischen Religionen gewährt; auch sollte den christlichen Gemeinden ihr verlorenes Eigentum zurückerstattet oder vergütet werden. Das Edikt erneuert und erweitert also im Grunde nur jenes vom Jahre 311[11]. Zum Verhältnis von Summus Deus und Christengott hat nun noch einmal Berkh besonders auf zwei Stellen des Licinius-Dekretes aufmerksam gemacht:

1. Den Christen wird Freiheit gegeben, so sagt das Edikt, »damit alles, was sich an Gottheit in der Himmelswohnung (quicquid (est) divinitatis in sede caelesti) befindet, uns und

---

10 In dem Licinius-Dekret, das sich auf die Mailänder Verhandlungen über allgemeine Staatsprobleme bezieht, erscheint als die wichtigste Frage die nach der reverentia divinitatis.
11 Da eine Quellenscheidung, die zwischen der Mailänder Abmachung und dem Kommentar des Licinius unterscheiden soll, kaum durchzuführen ist, verzichte ich darauf.

allen, die unserer Macht unterstellt sind, versöhnt und wohlgesinnt sein möge.« Der Gott der Christen wird also einfach mit den Staatsgöttern zusammen in einer Götterwohnung gesehen, eine Vorstellung, sagt Berkh a. a. O., die auch schon dem Galerius-Edikt zugrunde liege. Wenn auch der Hintergrund polytheistisch ist, werden hier doch die heidnischen Götter, zu denen im Edikt von 311 auch noch der Christengott hinzugenommen wurde, nicht mehr erwähnt; stattdessen ist – monotheistisch – von der summa divinitas die Rede, eine Formulierung, die sowohl auf den Summus Deus als auch auf den Christengott Rücksicht nimmt.

2. Die andere Stelle, auf die Berkh a. a. O. aufmerksam machte, wird nach der besseren Lesart des Laktanz zitiert und gibt das Ziel der allgemeinen Religionsfreiheit an: »Auf dass die höchste Gottheit, deren Verehrung wir uns in freiwilliger Hingabe weihen (summa divinitatis, cuius religioni liberis mentibus obsequimur), uns in jeder Beziehung ihre gewohnte Gunst und Wohlgesinntheit erweisen kann.« WIR nennen sich hier also freiwillige Verehrer der summa divinitas des Summus Deus. Außerdem sind die WIR offenbar der Meinung, die Freiheit der Christen und ihr Gottesdienst übten einen günstigen Einfluss auf das Wohlwollen des Summus Deus aus. Daraus folgt (vgl. Berkh a. a. O.), dass die WIR den Christengott mit dem Summus Deus gleichgesetzt haben[12], und zwar in dem Sinn: Den Höchsten Gott verehren eben die Heiden auf diese, die Christen auf jene Art, die einen unter diesem, die anderen unter jenem Namen.

---

12 Ich lehne es jedoch ab, hier unbedingt die Stimme des Licinius heraushören zu wollen; Dörries hat demgegenüber darauf verwiesen, dass der Vergleich mit Konstantins »Brief an die Provinzialen« das konstantinische Anrecht auf die »freiwillige Hingabe« zeigt.

Wenn es zutrifft, dass wir in den Edikten von 311 und 313 bereits etwas vom Geist und von der Stimme Konstantins wahrnehmen – das ist ja in bestimmter Weise der Fall, obwohl es sich hier noch nicht um Selbstzeugnisse Konstantins handelt –, so sei in Beantwortung der Fragen ein Dreifaches gesagt:

a) Die Edikte können natürlich als letzte Konsequenz der Christenfreundlichkeit Konstantins aufgefasst werden; sie sind aber in Wirklichkeit etwas ganz anderes.

b) Die Edikte sind Produkte einer veränderten religionspolitischen Auffassung Konstantins (wann sich diese Veränderung vollzog, ist nicht mehr auszumachen; sie muss aufgrund der wahrscheinlichen Mitwirkung Konstantins am Galerius-Edikt bereits 311 vorhanden gewesen sein), die sich gebildet hatte aus der Erfahrung, dass die Christenverfolgungen die Christen nicht auszurotten vermochten (der Christengott vielmehr im Hinblick etwa auf seine Beziehung zum Summus Deus ernst zu nehmen sei) und vor allem auch aus dem Wissen um die Wichtigkeit von recht- und pflichtmäßigem Kult, Göttergunst, Sieg, Macht, Frieden, Wohlfahrt und Einheit des Staates.

c) Ob die Edikte auch auf eine Änderung der persönlichen Einstellung Konstantins zurückzuführen sind bzw. eine solche Änderung mit sich brachten, müssen die folgenden Kapitel, besonders Konstantins Selbstzeugnisse, zeigen.

5. Konstantin und der Donatistenstreit

Die ersten dieser Selbstzeugnisse Konstantins finden wir im Zusammenhang mit dem Donatistenstreit, einem heftigen Konflikt in der nordafrikanischen Kirche. Während nämlich die Katholiken die »Heiligkeit« ihrer Kirche an den Besitz von Institutionen banden, knüpften die Donatisten die »Heiligkeit« der Kirche an Personen. So kam es, dass die Donatisten einen Bischof (Caecilian) nicht anerkennen wollten, weil er nach ihrer Meinung durch einen solchen (nämlich durch Mensurius von Karthago) geweiht war, der während der diokletianischen Verfolgung auf Befehl der Regierungsbeamten die heiligen Bücher und Geräte ausgeliefert hatte. Konstantin wurde wohl gegen seinen Willen in den Streit hineingezogen und die Briefe, die er in diesem Zusammenhang schrieb, sind uns noch erhalten.

Da heißt es in dem Brief an den Prokonsul Anullinus (312/313):

Die Missachtung des Kultes (Gottesverehrung), der der Wahrer der höchsten Ehrfurcht gegen die himmlische Heiligkeit ist, habe den Staat in große Gefahren gebracht. Dagegen trage es dem römischen Namen das größte Glück ein, wenn die Gottesverehrung wieder in der rechten Weise aufgenommen werde. Und als Hüter dieses Kultes werden die katholischen Kleriker genannt. – Wir erinnern uns sofort an das do-ut-des-Prinzip, das den römischen Staatskult kennzeichnete. Dieses Prinzip hat Konstantin hier offenbar auf die Kirche angewandt.

Und in dem Brief an den in Afrika amtierenden Beamten Aelafius (314) steht:

Denn auch du bist ja ein Verehrer (cultor) des höchsten Gottes (summi die)! – Streitigkeiten könnten den Zorn der summa divinitas wecken. – Erst dann kann ich von dem mächtigen Gott Günstiges und Gutes erhoffen, wenn ich merke, dass alle den heiligen Gott mit dem pflichtmäßigen Kult der katholischen Religion (debito cultu catholicae religionis) in brüderlicher Eintracht verehren. – Wir merken deutlich die zeitliche und inhaltliche Nähe dieser beiden Briefe zu den Edikten von 311 und 313. Während in dem Edikt von 311 der Christengott und der Summus Deus mehr nebeneinander gestellt wurden, erscheinen sie in dem Edikt von 313 eher gleichgesetzt.

In den beiden soeben angeführten Briefen Konstantins ist eine weitere Änderung eingetreten. Berkh hat gemeint, der grundsätzliche Unterschied gegenüber den beiden Edikten sei der, dass in den beiden Briefen die Wohlfahrt von Kaiser und Staat »ganz und allein durch den Gott der Kirche, welcher der Summus Deus und der einzige Gott ist«, verbürgt werde. Hier seien wir gleichzeitig beim Herzstück von Konstantins Glauben angelangt. Da muss ich Berkh aber entschieden widersprechen, denn ich glaube nicht, dass das die neue Erkenntnis Konstantins war, dass der Gott der Kirche der Summus Deus und der einzige Gott ist. Darauf kam es Konstantin hier gar nicht an; Gott war für ihn eben der Summus Deus (deshalb kann Konstantin den Älafius, der Christ gewesen sein soll, als cultor summi die anreden; ob »cultor die« auch einfach mit »Christ« wiedergegeben werden kann, ist unsicher). Vielmehr machen die beiden Briefe doch wohl sichtbar, dass offensichtlich Konstantin immer mehr dazu neigt, den christlichen Kult (so versteht er das Christentum) als die einzige Möglichkeit zu betrachten, den Summus Deus rechtmäßig und angemessen zu verehren. Das wäre der Fortschritt gegenüber dem Edikt von 313. Wir wollen sehen, ob und inwieweit dieser sich hier abzeichnende Gedanke in anderen Briefen und Erlassen Konstantins wiederkehrt. – Von einem Herzstück konstantinischen Glaubens aber kann hier gleich gar nicht die Rede sein. Das Christentum ist für ihn, wie wir zunächst erkannt haben, nur als christlicher Kult wichtig und der christliche Kult ist für ihn, so möchte man sagen, ein »Religionspolitikum« erster Ordnung.

Mehr können wir bis jetzt nicht sagen; erst recht können wir hier nichts über Konstantins eigenen Glauben aussagen.

Wir sprachen oben davon, dass Konstantin wider Willen in den Donatistenstreit hineingezogen wurde. Dieses »wider Willen« kam daher, weil er grundsätzlich der Meinung war: »Ihr seid für die Angelegenheiten innerhalb der Kirche und ich bin für die Angelegenheiten außerhalb ihrer von Gott bestellter Bischof«, ein bei Tisch vor Bischöfen gesprochenes Wort. Es wäre ihm also niemals ohne weiteres eingefallen, über Bischöfe in kirchlichen Fragen zu urteilen. Nun aber, mit dem donatistischen Streit in Berührung gekommen, erkannte er, dass ein Schisma für das Wohlergehen des Staates höchst gefährlich ist und dass er als Kaiser die Pflicht hatte, die Ordnung wieder herzustellen. Denn es gab für ihn keinen Zweifel darüber, dass der Streit den Kult stört und Gott beleidigt. So kündigte er den Afrikanern an, er werde kommen, die Übeltäter bestrafen und beide, Katholiken und Donatisten, über den rechten Gottesdienst belehren, d. h. über den Kult, den die summa divinitas verlangt. Ob man dies den Missionsauftrag Konstantins nennen soll, wie Kraft will, ist mir fraglich. Jedenfalls geht es dem Kaiser auch hier um die Aufrechterhaltung des rechtmäßigen Kultes, nämlich des christlichen Kultes.

6. Die Kämpfe mit Licinius

Von der Zusammenkunft in Mailand (313) aus wurde Konstantin zu neuen Grenzkriegen nach Gallien gerufen. Licinius aber drohte der Krieg mit Maximinus Daza, den Konstantins Ernennung zum rangältesten Augustus und dessen Verständigung mit Licinius gereizt und zugleich veranlasst hatte, das ganze Land bis zur Meerenge von Chalcedon in Besitz zu nehmen. Im April 313 kam es auf dem Campus Serenus in Thrazien zur Schlacht. Maximin wurde vernichtend geschlagen und zog sich bis nach Tarsus in Kilikien zurück, wo er noch im gleichen Jahr starb. Licinius aber war in die Hauptstadt Nikomedia eingezogen und hatte bereits im Juni 313 jenes Toleranzedikt für die Christen erlassen, das die Mailänder Verhandlungen auch auf den Osten ausdehnte. Freilich war dies auch eine religionspolitische Maßnahme, mit der er die christlichen Kreise des Ostens, die unter Maximinis Methoden gelitten hatten, für sich zu gewinnen trachtete. Das Reich hatte nunmehr nur noch zwei Herrscher. Aber der große Machtzuwachs des Licinius im Osten, den Konstantin kaum freiwillig zugestehen wollte, trieb schließlich auch die beiden Schwäger gegeneinander. In zwei Schlachten (314 bei Cibalae/Pannonien und auf dem Campus Mardiensis/Thrazien) siegte Konstantin, ohne dass es auch in der zweiten Schlacht zu einer wirklichen Entscheidung kam. Eine äußerliche Verständigung zwischen beiden Herrschern wurde 316 nochmals besiegelt: Konstantins Söhne Crispus und Constantinus und der Licinius-Sohn Licinianus sollten Caesaren werden. Im Geheimen aber glimmte der Gegensatz zwischen den Rivalen weiter. Konstantin versuchte nun einen echten religionspolitischen Vorstoß gegen Licinius. Er wies die Münzstätte Siscia an, Münzen mit dem Chrismon[13] auf dem Helm des Kaiserkopfes zu prägen, womit er also offenbar in den christlichen Kreisen des Ostens für sich werben wollte. Und in demselben Maß, in dem Konstantin für das Christentum eintrat, baute Licinius seine Toleranzpolitik ab, ja er kehrte zu ausgesprochen christenfeindlichen Maßnahmen zurück, um sich die Gunst der der antiken Religion zugetanen Aristokratie des Wes-

---

13 Chrismon = christlich-religiöses Symbol als Invokation Christi; offenbar handelt es sich dabei um die sog. »Monogrammhelme«, die Konstantin seit 312 getragen haben soll, nach A. Alföldi, JRST 22 (1938) 9 ff.; bei Kraft S. 25, s. Anm. +) und dessen Verständigung mit Licinuius ...

tens zu erwerben. Nachdem noch Auseinandersetzungen über die Frage des Konsulats für die Jahre 319 ff. hinzukamen, erfolgte schließlich 324, nach der Schlacht bei Adrianopel, die entscheidende Schlacht bei Chrysopolis. Licinus wurde endgültig überwunden und gezwungen, sich in die Hand des Siegers zu geben, der ihm auf Fürsprache der Konstantia (der Gattin des Licinius und Schwester Konstantins) eidlich das Leben zusicherte. Als jedoch Licinius bald darauf heimlich Verbindung mit den Donaubarbaren suchte und eine neue Revolte vorbereitete, wurde die Sache dem Senat vorgelegt; Licinius wurde zum Tode verurteilt (325). Da der Senat das Urteil sprach, kann von einem Verwandtenmord Konstantins nicht geredet werden. Der Sohn des Licinius, Licinianus, den Konstantin zunächst geschont hatte, wurde – wohl aus politischem Misstrauen – 336 hingerichtet. Sicher waren die Hinrichtungen begründet; doch ist wohl auch sicher, dass wenigstens Licinianus ein Opfer des politischen Strebens Konstantins geworden ist. Hier wäre vielleicht noch auf den wohl dunkelsten Punkt im Leben Konstantins hinzuweisen: die Hinrichtung seiner Gattin Fausta und seines Sohnes Crispus (ihres Stiefsohnes). »Dunkel« ist dieser Punkt schon deshalb zu nennen, als die Katastrophe eigentlich nie aufgeklärt wurde. Wir müssen uns deshalb auch jeglichen Urteils enthalten. Die Fakten sind die: Im Jahre 326 wurde die Kaiserin Fausta im Bad erstickt und der Ceasar Crispus aufgrund eines Senatsurteils hingerichtet.

Der Kampf zwischen Konstantin und Licinius war nicht nur ein Streit zwischen zwei Rivalen um den Vorrang, sondern auch noch einmal ein Ringen zwischen zwei Weltanschauungen, zwischen der alten und der neuen Zeit, zwischen den alten Göttern und dem Christentum, denn der Sieg über Licinius (324) und dessen Hinrichtung (325) entschieden die Alleinherrschaft Konstantins und den Sieg des Christentums im Römischen Reich.

7. Konstantins Alleinherrschaft

Wenn im Ausführungsdekret des Edikts von 313 gesagt wurde, dass den Christen Freiheit gewährt werde, damit die Gottheit dem Staat geneigt sei, und wenn es im Brief an den Prokonsul Annulinus hieß, die Geschichte beweise, dass der Kult des obersten Gottes (und zwar in der Form des christlichen Kultes) Bedingung für das Wohl des Staates sei, so werden diese Gedanken in zwei nach dem Sieg von 324 verfassten Briefen Konstantins[14] wieder aufgenommen und weiterentwickelt: in dem Brief an die Orientalen und dem Brief an die Provinzialen. Jener bezieht sich auf Wiedergutmachungsbestimmungen für die christlichen Gemeinden, dieser ist ein Missionsschreiben an die heidnischen Bewohner der neuen östlichen Provinzen.

Im ersten Brief wird eine Definition der Gottheit gegeben: Das Göttliche ist das, was allein und wahrhaft ist und immer Macht hat. Weitere wichtige Sätze aus dem Brief: der seelische Glaube wachse unter der Leitung des Höchsten; geschichtliche Erfahrung verhelfe zu sicherem Urteil über rechte und falsche Gottesverehrung; zur Gerechtigkeit gehöre rechte Gotteserkenntnis, zu dieser rechte Verehrung; (vgl. Dörr, S. 43 ff.).

Im zweiten Brief beginnt der Kaiser damit, die Gnade Gottes auf die neuen Provinzen herabzuflehen (der die Duldung des heidnischen Kultes aussprechende Teil steht in Gebetsform, Anrede: »Höchster Gott«, »Allmächtiger Gott«) und verleiht sodann der Hoffnung Ausdruck, die Teilnahme an den Segnungen der staatlichen Wohlfahrt, die auch die Irrenden (Geschichtserfahrung!) den Gläubigen verdanken, werde sie zur Einsicht führen (vgl. Dörr).

---

14 Die beiden Briefe sind in Eusebs »Vita« eingelegt und so überliefert. Nach Hönn sind sie zwar von geistlicher Hand redigiert, aber echt. Auch O. Seeck hat die Bedenken gegen die Echtheit der in die Vita aufgenommen Dokumente widerlegt. Schließlich hat auch Dörr die Einwände Batiffols glaubwürdig zurückgewiesen.

Bemerkenswert ist, dass hier ganz vom Boden der christlichen Gottesverehrung aus gedacht wird – das ist also neu –, während sich Konstantin etwa z. Zt. der donatistischen Briefe wohl nur als Verehrer des christlichen Kultes fühlte, jedenfalls nicht als Glied der Institution Kirche, und lediglich in kirchliche Angelegenheiten eingriff, wenn der »error« die Einheit der Kirche bedrohte (vgl. den Brief an Celsus bei Kraft, S. 193, Dörr S. 35).

Fassen wir die genannten Briefe zusammen: Für Konstantin ist Gott der Höchste, der Allmächtige, der Eine. Dass Gott Einer ist, ist dabei eine entschiedene Abkehr vom Polytheismus und ein klares Bekenntnis zum Monotheismus, den er ja in einer bestimmten Weise bereits vom Elternhaus mitbekommen hatte. Nach dem do-ut-des-Prinzip stellt sich das Verhältnis zwischen der höchsten Gottheit und dem Menschen so dar: Menschliche Pflichten entsprechen Leistungen Gottes und zwar so, dass die Erfüllung jener die Bedingung dieser ist. Treue Pflichterfüllung erweist Gott die schuldige Ehre: dies geschieht aber vor allem durch einen einwandfreien Kult und das genaue und unbedingte Festhalten der menschlichen Pflichten, das sich eben in einer entsprechenden Gottesverehrung erweist, bedingt wiederum Frieden und Staatswohlfahrt. Eine solche Gottesverehrung ist richtig, vernünftig zu nennen und ist zugleich die rechte Gotteserkenntnis. Vernachlässigung der rechten Gottesverehrung aber führt zur Zerrüttung des Staatswesens, was die Geschichte der Vorgänger und Nebenbuhler des »Dieners Gottes«, wie sich der Kaiser in den oben genannten Briefen nennt, klar gezeigt hat.

Wenn wir uns an dieser Stelle noch einmal an die Aussagen der Toleranzedikte und der Donatisten-Briefe erinnern, so verstehen wir die (vielleicht allzu allgemein anmutende) Sprache auch der beiden hier genannten Briefe sehr wohl und erkennen gleichzeitig, dass und wie hier ganz vom Boden der christlichen Gottesverehrung aus argumentiert wird:

Die Christenverfolgungen haben zwar den Untergang der Verfolger, aber vor allem auch die äußerste Gefährdung des Staatswesens offenbart. Da aber nur ein einheitlicher und tadellos funktionierender Staatskult die Bedingung für die Staatswohlfahrt ist, die Christen jedoch aufgrund ihrer Gottesanschauung den römischen Opferkult nicht mitmachen konnten, wurde durch die Weigerung der Christen der Kult gestört und damit Frieden und Wohlfahrt des Staates erheblich belastet. Zudem haben die Christenverfolgungen bewiesen, dass die Christen nicht auszurotten waren. Der christliche Gott musste also eine Realität sein. Seine Verehrung musste deshalb um der Staatswohlfahrt willen anerkannt werden, da der christliche Kult einen günstigen Einfluss auf das Wohlwollen des Summus Deus auszuüben in der Lage war. Der Misserfolg der Christenverfolgungen und die einmal ausgesprochene Anerkennung des christlichen Kultes haben aber Konstantin zu einer noch grundlegenderen Erkenntnis geführt: Der christliche Kult ist schlechthin die Form und die einzige Möglichkeit überhaupt, den Höchsten Gott in angemessener Weise zu verehren. Dieser Gedanke, dass der christliche Kult die einzige, rechtmäßige und so nun auch pflichtgemäße Verehrung Gottes, d. h. des Summus Deus, bedeutet, ist in den beiden hier genannten Briefen Konstantins zu Ende gedacht[15], indem dieselben bereits ganz auf dem Boden der christlichen Gottesverehrung stehen. Diese Erkenntnis ist letztlich aus der Geschichtserfahrung heraus entstanden und in Konstantin langsam gewachsen (wie auch die angeführten Stellen aus den Erlassen und Briefen zeigen), jedenfalls wohl kaum »billigerweise« auf ein visionäres Erlebnis des Kaisers zurückzuführen. Selbst wenn Konstantin zeit seines Lebens solche Erlebnisse behauptet hat bzw. als Empfänger spezieller Offenbarungen erscheinen wollte, ist damit noch lange nichts bewiesen. Erst recht sollten wir nicht nach den per-

---

15 Insofern hat RThK, S. 768 recht: »Was seit 323/324 in der Religionspolitik (Konstantins) sich vollzieht, ist nur die vollere Verwirklichung von Gedanken und Tatsachen, die mit 312/313 anheben.«

sönlichen Motiven seiner Religionspolitik fragen, um sie dann schließlich aus der sogenannten Kreuzesvision herzuleiten. Ob oder inwieweit die oben aufgezeigte Erkenntnis Konstantins Bedeutung für seinen persönlichen Glauben an Christus hatte, ist nicht zu ersehen gewesen, da sie für ihn zuerst und immer ein rein religionspolitisches Moment war. Mehr können wir nicht sagen. Doch fragen wir unter dem Gesichtspunkt der Erkenntnis Konstantins nach seinem äußeren Verhalten. Seine Maßnahmen vereinigen Vorsicht und Entschlossenheit. So empfiehlt er dem Orient die Annahme des Christentums, doch auf der Grundlage der Toleranz der übrigen Kulte (vgl. den Missionarsbrief an die Provinzialen, das klassische Gegenstück zu den christlichen Toleranzedikten). Sein Ideal ist natürlich, dass alle seine Untertanen das Christentum als rechtmäßige Form der Gottesverehrung annehmen, doch ist er – darin klüger als die meisten seiner Vorgänger und Nachfolger – bei der Verwirklichung seines Ideals nie zum Zwang übergegangen. Freilich hat er gegenüber der alten Religion die christliche Kirche immer mehr begünstigt.

Konstantins Gesetzgebung: 319 wurde die private Haruspizin (Opferschau) und 321 das Hausopfer verboten. 326 erging das Verbot, verfallene Tempel wieder aufzubauen. Auch die Errichtung neuer Götterbilder wurde verboten oder erschwert. Tempel mit anstößigen Kulten wurden zerstört oder geschlossen. Gegen Ende der Regierungszeit Konstantins ist vielleicht sogar ein allgemeines Opferverbot ergangen, wie aus einem Edikt des Konstantin-Sohnes Konstantinus 341 erschlossen werden kann[16]. Der Maßnahme gegen die alte Religion entspricht ein Rechtezuwachs der Kirche. Bereits 312/13 wurden die Kleriker

---

16 Jedenfalls wurden wohl schon unter Konstantin bei offiziellen feierlichen Anlässen keine Opfer mehr dargebracht. Bereits 315, als Konstantin aus Anlass der Decennalien in Rom weilte, soll er die Darbringung der üblichen heidnischen Opfer unterlassen haben. Auch entzog der Kaiser den Heiligtümern und der religiösen Verehrung sein Bild. Damit wurde der im Staats- und Volksleben weit verbreitete Kaiserkult endlich abgeschafft.

von den Personallasten befreit; außerdem erlangte die Kirche die Erbfähigkeit. Den Bischöfen wurde eine Gerichtsbarkeit gewährt, die ein rechtskräftiges Urteil begründen konnte. 315 wurde die für die Christen anstößige Kreuzigungsstrafe abgeschafft. 321 erhielt die Kirche die Befugnis zur Annahme von Vermächtnissen. Im gleichen Jahr wurde die Feier des Sonntags gesetzlich angeordnet (d. h. als feria = gerichtlicher Sonntagsfriede; vielleicht aber wurde der Tag bereits als Tabu angesehen). 325 setzte Konstantin mit dem Verbot der Gladiatorenkämpfe als Strafe für Verbrecher die christenfreundliche Gesetzgebung fort. So setzte sich in zahlreichen Gesetzen des Straf-, Privat- und Prozessrechts christliche Gesinnung durch.

Auf den Münzen traten die heidnischen Embleme nur sehr zögernd zurück. Noch 317 tragen die anlässlich der Caesarenernennung der Konstantin-Söhne geprägten Münzen den Sonnengott in Bild und Umschrift. Hönn gibt an, erst 323 hätten die häufigen Prägungen mit dem Sonnengott aufgehört. Die erste und einzige Münze mit christlicher Symbolik hat Konstantin 326/27 (330) schlagen lassen, und zwar nur in Konstantinopel: eine Kleinbronze mit dem vom Christusmonogramm überragten Labarum über der sich am Boden windenden Schlange. Aber auch hier ist der altrömischen Vorstellung entsprochen: Auf dem Fahnentuch erscheinen der Kopf Konstantins und die der beiden Caesaren, Konstantins II. und des Konstantinus.

Die Bauten: Auf Konstantins Anregung und unter seiner Mitwirkung entstanden zahlreiche stattliche Kirchen in Nikomedien, Antiochien, Konstantinopel, Jerusalem, Bethlehem, Mamre. Besondere Beachtung verdient Konstantinopel: Das alte Byzanz wurde zur Reichshauptstadt ernannt und erhielt den Namen des Kaisers. Unter den christlichen Kirchen Konstantinopels ragte besonders die von Konstantin reich ausgestattete Apostelkirche hervor, die er sich zur Grabstätte bestimmte.

Demgegenüber verwundern uns einige Dinge – Burkh

nannte sie die »*heidnischen Sympathien*« – bei Konstantin, die gerade im letzten Jahrzehnt seines Lebens auftraten und die wie ein Rückfall zum alten heidnischen Kult oder wie ein Beharren auf dem alten Kult anmuten und die auch dann nicht ganz verblassen, wenn man sie mit der steten Toleranz Konstantins zu entschuldigen sucht:

1. In der Einladung zur Synode von Caesarea 334 nennt er die Kirche nicht mit ihrem Namen »Ekklesia«, sondern »nomen Christianum«, wie er sie schon im Edikt von 313 genannt hatte.

2. Noch fünf Jahre nach dem Konzil von Nicaea 325 ließ er sich als Sonnengott darstellen.

3. Zwischen 333 und 337 gestattete er seiner Familie, der gens Flavia, in dem umbrischen Spello die Errichtung eines Tempels mit der befremdlichen Inschrift, dass derselbe nicht »durch den Trug ansteckenden Aberglaubens« befleckt werde.

4. Am 21. Mai 337, einen Tag vor seinem Tod, wird durch Gesetz eingeschärft, »dass die heidnischen Priester für immer von allen niederen Lasten frei sein sollen und diese Bestimmung in eherne Tafeln eingegraben werde.«

5. Bis zum Tod behielt er den Titel »Pontifex Maximus« bei. Selbstverständlich konnte er diesen Titel gerade auch als Schutzherr der neuen Staatsreligion, als der er sich doch wohl fühlte, beibehalten haben. Noch bis auf Gratian (375-383) haben seine Nachfolger diesen Titel geführt.

6. Konstantin hat den Neuplatoniker Sopatros, den Schüler Jamblichs, zu seinem Berater gemacht.

7. Die Tyche, die Stadtgöttin des alten Rom, erhielt in Konstantinopel einen neuen Sitz mit Tempel und Bild. Bei der Einweihung der Stadt sollen übrigens heidnische Geheimbräuche gefeiert worden sein, ähnlich soll es bei der Gründung der Stadt gewesen sein.

Halten wir diesen Dingen jedoch **die Tatsache entgegen**, dass Konstantin kurz vor seinem Tod (durch Eusebius von Nikomedien) **die christliche Taufe** empfing (zu Nikomedien 337, vgl. Heussi, S. 95) so sind wir wiederum mehr als erstaunt. Doch wollen wir über Konstantins Taufe erst urteilen, nachdem wir noch ein Wort zum **Konzil von Nicaea 325** gesagt haben.

Nach dem Sieg über Licinius 324 traf Konstantin im Osten eine ganz ähnliche Lage an wie damals beim Donatistenstreit in Afrika In Ägypten hatten die Meletianer ihre »Märtyrerkirche« begründet; in Antiochien gab es wohl Unruhen mit den Resten der ehemaligen Gemeinde des Paul von Samostata. Vor allem aber zerriss der arianische Streit[17] die gesamte östliche Kirche. Auch hier sollte ein Konzil die Ordnung wiederherstellen. So verlegte der Kaiser eine im Frühjahr 325 in Antiochien zusammengetretene Synode, die bereits ein klares antiarianisches Bekenntnis Konstantins ausgesprochen hatte, nach Nicäa, um daran selbst teilnehmen zu können. Dadurch gab er der Synode zugleich einen neuen Sinn: Über die Einheit der Kirche hinaus sollte sie die Einheit von Kirche und Reich darstellen. Der Kaiser selbst leitete die Verhandlungen, sicherte die Beschlüsse durch staatliche Maßnahmen ab, ja kommentierte sie in einzelnen Briefen. Es ist bekannt, dass er gegen die Konzilsmehrheit die Aufnahme des »Homoousios« in das Nicaenum gefordert und die Verurteilung des Arius durchgesetzt hat[18]. Fragen wir nach dem Grund dieser Maßnahme und bedenken wir dabei den religionsgeschichtlichen

---

17 Zu Beginn des Streites gab es im Wesentlichen zwei große Richtungen: a) die Origenisten und Lucianisten (Arianer): sie lehrten subordinatianisch; b) die späteren »Orthodoxen« (Alexander von Alexandrien, Ossius von Cordova u. a.): sie vertraten die realistische Erlösungslehre von der Gottgleichheit des Logos in Jesus.

18 Das Nicänische Glaubensbekenntnis wurde durch folgende antiarianische Worte ergänzt:
gezeugt, nicht geschaffen = γεννηθέντα οὐ ποιηθέντα
= eines Wesens mit dem Vater = ὁμοούσιον τῷ Πατρί.

Hintergrund, auf dem Konstantins weiter oben aufgezeigte Erkenntnis ruht, so fällt uns die Antwort nicht schwer: Der Monotheismus schien ihm durch Arius gefährdet. Von daher allein müssen wir den neuen Sinn verstehen, den er dem Konzil gab.

Von hier aus ist nun auch immer wieder versucht worden, über Konstantins eigene **christologische Anschauungen** (schließlich auch über seine Taufe) ins Klare zu kommen. Allein der Gebrauch des Namens Christi ist in Konstantins »Selbstzeugnissen« (Briefen) äußerst spärlich. Soweit das ersichtlich ist, kommt der Name »Christus« in drei Briefen Konstantins vor:
1. Im Brief an die Synode in Arles (314) – hier gleich sechsmal;
2. im Brief an die Gemeinde von Nikomedien (325) – dieser Brief passt also in die nächste Nähe des Konzils von Nicäa;
3. im Brief an Eusebius von Caesarea – belanglose Notiz.

Gerade bei den Briefen 1 und 2 aber ist die Echtheit sehr anzuzweifeln, so dass wir mit Interpolationen und Überarbeitungen rechnen müssen. Sollte Brief 2 wirklich echter sein als Brief 1, so ist die Terminologie von Brief 2 in erster Linie durch die Nähe und das Thema des Nicänischen Konzils bedingt, jedenfalls kaum von persönlicher Anschauung geprägt. Das fast ausnahmslose Vermeiden des Christusnamens in den Briefen ist in jedem Fall höchst auffällig. Meines Erachtens erliegen Kraft und Dörr (und selbst Berkh ist daran beteiligt) in ihren Darstellungen allzu sehr dem Versuch, in den Briefen Konstantins persönliche Glaubenszeugnisse zu sehen. Diese Behauptung kann ich in diesem Rahmen natürlich nicht mehr begründen.

Nun hat man aber gemeint, wenigstens in der **Taufe Konstantins** endlich einmal ein persönliches Zeugnis zum Christentum erblicken zu dürfen und zwar nicht einfach zum Christentum als der einzig möglichen und also rechtmäßigen Form der Verehrung des Höchsten Gottes, sondern zu dem Gott, der in Christus erschienen und der einzige Gott ist. Ich darf noch bemerken

    a) Konstantin hat wohl seine Söhne, wenigstens zum Teil, christlich erziehen lassen.

    b) Er soll seiner Hofgemeinde Bibelstunden gehalten haben; außerdem pflegte er zeit seines Lebens engen Verkehr mit Bischöfen.

    c) Mit dem Aufschub der Taufe bis in die Nähe des Lebensendes folgte er einer weit verbreiteten Sitte des 4. Jahrhunderts. Ihr Sinn ist, dass die Taufe alle früher begangenen Sünden tilgt, so dass man möglichst rein in die Ewigkeit eingehen kann.

Trotz alledem fällt es uns außerordentlich schwer, Konstantins Taufe zu beurteilen. Nötig war sie an sich bei seiner Auffassung der Dinge, wie wir sie erkannten, wohl kaum, denn Christ zu sein bedeutete für ihn, ein rechtmäßiger Verehrer des Höchsten Gottes zu sein. Nun ist aber seine Taufe Tatsache. Die Taufe ihrerseits aber ist an den Glauben gebunden. Wenn also Konstantin die Taufe begehrte, so mussten wir ja in der Tat damit rechnen, dass er jetzt zum vollen christlichen Glauben durchgedrungen war. Das ist jedoch ein Rückschluss, für dessen Richtigkeit wir außer der Taufe selbst keinerlei Anhaltspunkte haben, besonders wenn wir an das denken, was Burkh die »heidnischen Sympathien« Konstantins genannt hat. So steht Konstantins Taufe sozusagen im leeren Raum und wir wissen nicht recht, was wir damit anfangen sollen.

8. Die Folgen der Politik Konstantins

Konstantins neue Sinngebung der Synode von Nicäa 325, nämlich die Einheit von Kirche und Staat darzustellen, hat bis in unser Jahrhundert hinein weitreichende Folgen gehabt. Unter Konstantins Söhnen kam es bereits zu wilden Tempelstürmen. Im Jahre 380 wurde durch Theodosius den Großen der Religionsfreiheit ein Ende gemacht; jeder Bürger wurde verpflichtet, orthodoxer Christ zu sein. Heidentum und Häresie galten als Staatsverbrechen. Unter Justinian (527–565) wurde die Kirche endlich Staatskirche:

- Die Priester wurden Staatsbeamte, kirchliche Lehre, Verfassung und Gottesdienst der Kirche wurden durch staatliche Gesetze geregelt, aber durch die Synode, das kirchliche Organ. (So ist aus der geduldeten, dann geforderten und bevorrechteten, schließlich allein berechtigten Kirche die Staatskirche geworden. Bis ins 20. Jahrhundert hinein blieb die Kirche im Osten Staatskirche.) So hat sich im Osten der Caesaropapismus ausgebildet: das gemeinsame Haupt von Staat und Kirche ist der Kaiser, der beide als Stellvertreter Christi regiert.
- Im Westen dagegen verlief die Entwicklung ganz anders: hier trat an die Stelle der alten römischen Kaiser der Papst als Stellvertreter Christi, seit Karl dem Großen allerdings im Ringen mit den deutschen Kaisern.

Der mit Konstantin begonnene Weg der Kirche kann jedoch insofern nicht als Irrweg bezeichnet werden, da ja die Kirche selbst es war, die sich die Fürsorge des Staates gefallen ließ und diese Tatsache hat dann schließlich zu einem Bund der Kirche mit Macht und Geld geführt, ein Bund, der sie bis heute belastet.

So ist nicht so sehr Konstantin, sondern die Kirche selbst für die Fehlentwicklung verantwortlich, die als die »Konstantinische Ära« der Kirche bezeichnet wird. – »Da die Kirchen heute in Deutschland dem Staat gegenüber selbständige Vertragspartner geworden sind, wird häufig vom Ende des ›Konstantinischen Zeitalters‹ gesprochen, was aber nur für Deutschland und auch hier nur mit Einschränkungen gilt.«

9. Konstantin als Politiker und Christ

Die Meinungen über Konstantin den Großen gehen weit auseinander und reichen von dem Urteil Burkh, er sei ausschließlich Politiker, religiös ein Heuchler gewesen, bis zu den »modernen« Anschauungen, er habe ein Christ sein wollen oder sich wenigstens als solcher gegeben. Wir stellen indessen **zusammenfassend fest:**

Konstantins Politik ist uns deutlich geworden als – im Wesentlichen – Religionspolitik. Diese Religionspolitik bezieht sich auf das Christentum. Das Christentum versteht er primär als Kult. Den christlichen Kult erkennt er an als die einzige mögliche und allein rechtmäßige Form der Verehrung des Höchsten Gottes. Gemäß dem altrömischen do-ut-des-Prinzip ist ein einheitlicher, einwandfreier und angemessener Kult von größter Wichtigkeit für Frieden und Wohlfahrt des Staates. So ist das Christentum an die Stelle der alten Staatsreligion getreten.

Nicht ersichtlich sind uns geworden die persönlichen Motive dieser Religionspolitik, also die Frage, ob Konstantin Christ war oder nicht. Die Frage muss aber schon deshalb unbeantwortet bleiben, weil in der römischen Religion die innere Überzeugung unwesentlich ist und nach Art der römischen Religion hat Konstantin ja auch die christliche Religion verstanden (nämlich als Kult und gemäß dem do-ut-de-Prinzip) und eine entsprechende Religionspolitik geführt. Diese allein eben ist für uns erkennbar. Erkennbar ist uns auch noch, dass er sich als rechtmäßiger Verehrer des Höchsten Gottes wusste und so sein Christ-Sein verstand; seine innere Überzeugung kennen wir damit aber noch nicht, ja wir können sie gar nicht kennen, denn wie gesagt: Die Religion ist »kein Glaube, sondern eine Tat. Was man bei dieser Tat denkt, tut eigentlich nichts zur Sache.«

Es konnte nur sein, dass Konstantin vielleicht aus der Rolle dieses römisch verstandenen Christentums doch noch herausgefallen ist, und wenn es erst bei seiner Taufe war. Ich wage diese Frage jedoch kaum mit »Ja« zu beantworten, scheue ich mich jedoch ebenso sehr, Konstantin etwa als religiösen Heuchler zu bezeichnen.

Entscheidungs-Wege

Quellennachweis

1. Realencyklopädie für protestantische Theologie und Kirche, hrg. von A. Hauck, Leipzig, 3. Aufl., 1901, Band 10, Art. »Konstantin der Große« von Victor Schultze, S. 758 ff.; (zit. »RThK«)
2. Jacob Burckhardt: Die Zeit Constantins des Großen, Wien 1929; (zit. »Burckh«)
3. K. Hönn: Konstantin der Große, Leipzig 1940; (zit. »Hönn«)
4. H. Berkhof: Kirche und Kaiser, Zürich 1947; (zit. »Berkh«)
5. H. Lietzmann: Geschichte der Alten Kirche III, Berlin 1953; (zit. »Lietzm«)
6. H. Dörries: Das Selbstzeugnis Kaiser Konstantins, Göttingen 1954; (zit. »Dörr«)
7. H. Kraft: Kaiser Konstantins religiöse Entwicklung, Tübingen 1955; (zit. »Kraft«)
8. K. Heussi: Kompendium der Kirchengeschichte, Tübingen 1957; (zit. »Heussi«)
9. Evangelisches Kirchenlexikon, hrg. Von H. Brunotte und O. Weber, Band I, II, III, Göttingen 1958; (zit. »EKL«):
   a. Art. »Christenverfolgung«, I, Sp. 727 ff., von W. Göbell
   b. Art. »Konstantin der Grosse«, XI, Sp. 921 f., von H. Kraft
   c. Art. »Konstantinisches Zeitalter«, II, Sp. 924 von K. D. Schmidt
   d. Art. »Monogramm Christi«, II, Sp. 1442, von H. Jursch
   e. Art. »Nicaea«, II, Sp. 1584 ff., von G. Kretschmar
   f. Art. »Römisches Kaiserreich«, III, Sp. 680 ff., von H. Kraft
10. K. D. Schmidt: Grundriss der Kirchengeschichte, Göttingen 1960; (zit. »Schmidt«)
11. E. Mühlenberg (Hg.): »Die Konstantinische Wende«, Gütersloh, 1998, 9-122; umfassender Forschungsbericht – mit Bestätigung der älteren Ergebnisse von H. Dörries, H. Kraft u. a.

III. Die (ungewollte) Scheidung – Luther und die Reformation

1. Luthers Lebensstationen *(auf einen Blick)*

1483	10.11. Geburt in Eisleben
1484	Übersiedlung als Familie nach Mansfeld, wo der Vater als Bergmann bessere Existenzmöglichkeit findet
1488	Besuch der Lateinschule in Mansfeld
1497	Schulbesuch bei den »Brüdern vom gemeinsamen Leben« in Magdeburg
1498	Besuch der Trivialschule St. Georg in Eisenach, Unterkunft im Hause Cotta
1501	Immatrikulation an der Universität Erfurt
1505	Magister an der Artistischen Fakultät (Philosophische Fakultät)
1505	Entgegen dem väterlichen Willen, der ihn zum Jura-Studium bestimmt, Eintritt in das Erfurter Kloster der Augustinereremiten
1507	Priesterweihe im Erfurter Dom
1508	Berufung an die 1502 gegründete Wittenberger Universität »Leucorea«, um Lehraufgaben an der Artistischen Fakultät wahrzunehmen. Gleichzeitiges Studium der Theologie
1509	Rückbeorderung nach Erfurt, Erlebnis der Bürgeraufstände in der Stadt
1510	Romreise in Ordensangelegenheiten
1511	Rückkehr nach Wittenberg, verstärkte theologische Studien

1512	Auf Drängen seines Ordensvorgesetzten von Staupitz Promotion zum Doktor der Theologie
1512–1517	Hält als Inhaber der biblischen Professur bedeutende Vorlesungen, in denen er ein neues Verständnis der Mensch-Gott-Beziehungen entwickelt
1517	31.10. Veröffentlichung der 95 Thesen gegen den Ablassmissbrauch, Beginn der Reformation
1518	Eröffnung des Ketzerprozesses durch die Kurie, Verhör durch den päpstlichen Legaten Cajetan in Augsburg, Auslieferung Luthers an Rom wird von Kurfürst Friedrich dem Weisen abgelehnt
1519	Vorwurf, ein hussitischer Ketzer zu sein, durch den romtreuen Theologen Johann Eck bei der Leipziger Disputation
1520	Drei reformatorische Hauptschriften: An den christlichen Adel deutscher Nation von des christlichen Standes Besserung. Von der babylonischen Gefangenschaft der Kirche. Von der Freiheit eines Christenmenschen
1521	Verhängung der päpstlichen Bannbulle über Luther. Lehnt auf dem Reichstag zu Worms vor Kaiser und Reichsständen den Widerruf seiner Lehren ab, Erlass der kaiserlichen Reichsacht über Luther
1521	Luther wird auf Geheiß seines Kurfürsten auf der Wartburg bei Eisenach in Sicherheit gebracht, Übersetzung des Neues Testaments aus dem Griechischen in die deutsche Volkssprache
1522	Rückkehr nach Wittenberg, Beschwichtigung der Unruhen in der Stadt und Konsolidierung der reformatorischen Veränderungen
1523	Entwicklung eines Sozialprogramms der Reformation in der »Leisniger Kastenordnung«

1524	Auftakt zur Entwicklung der Volksschule mit der Schrift »An die Ratsherren aller Städte deutschen Landes, dass sie christliche Schulen aufrichten und halten sollen«
1524/25	Auseinandersetzungen mit Thomas Müntzer. Versuch, den Bauernaufständen zu wehren, mit der Schrift »Ermahnung zum Frieden«
1525	13.6. Eheschließung (+ zusammen 6 Kinder) mit der ehemaligen Nonne Katharina von Bora
1525/26	Auseinandersetzung mit Erasmus von Rotterdam um das Problem der »Freiheit des Willens«
1529	»Religionsgespräch« zwischen Luther und Zwingli in Marburg
1530	Luther verweilt als Geächteter auf der Coburg, während Philipp Melanchthon auf dem Reichstag in Augsburg die protestantische Bekenntnisschrift, die »Augsburgische Konfession«, übergibt
1534	In Wittenberg wird der Erstdruck der vollständigen Luther-Bibel (Altes und Neues Testament) herausgegeben
1537	Luther formuliert in den Schmalkaldischen Artikeln die Hauptlehren der Protestanten
1545	Herausgabe des Bapstschen Gesangbuches, Höhepunkt von Luthers Bemühungen um ein evangelisches Gesangbuch.
1546	18.2. Tod in der Geburtsstadt Eisleben

2. Die politische Lage zur Reformationszeit[19]

Drei Großmächte gab es in Westeuropa: Spanien, Frankreich und England. Deutschland und Italien waren zersplittert und machtlos. Durch die Entdeckung Amerikas 1492 erlebte vor allem Spanien einen mächtigen Aufschwung und trat in Wettbewerb mit Frankreich um den Besitz Italiens. Seit 1496 war Spanien mit dem katholischen Haus Habsburg durch Heirat verbunden. Das war die beste Voraussetzung für die politische Vorherrschaft Spaniens über Europa. Nach dem Tod Kaiser Maximilians I. 1519 traten Spanien und Frankreich in Wettbewerb um die deutsche Kaiserkrone. Schließlich entschieden sich die Kurfürsten als Wahlgremium für den jungen Spanier Karl I., als Kaiser Karl V.

---

19 Nach K. Heussi, Kompendium der Kirchengeschichte, 11. Aufl., S. 276: Kräfte und Vorgänge für die Wende
1. Der Sturz der päpstlichen Weltmacht im späten Mittelalter
2. Radikale Geister des 14. Jahrhunderts (Marsilius von Padua, Spirituale)
3. Die große Kirchenspaltung zwischen morgenländischer und päpstlicher Kirche (1054) und das Papstschisma (1378): ein Papst in Rom, ein anderer in Avignon; später zeitweise drei Päpste gleichzeitig
4. Einführung des Nationalitätenprinzips (von Pariser Universität) und Überordnung des Konzils über den Papst
5. Verminderung der Kirchengewalt und Richtung auf eine Kirche als Parlament, mit immer stärkerer Beteiligung der Laien
6. Gegenbewegungen gegen das Papsttum und deren Nachwirkungen durch Waldenser, Wicllifiten, Hussiten
7. Die üble Finanzpolitik der römischen Kurie und ihr Widerstand gegen alle Reformforderungen
8. Die sittlichen Zustände in Rom und das schändliche Leben der Päpste, Kardinäle und Kurtisanen
9. Ein starkes religiöses Verlangen und der Wunsch nach einer Kirchenreform an Haupt und Gliedern
10. Das Aufstreben der Laienwelt und ein neues unasketisches Lebensgefühl
11. Eine erstaunliche Erweiterung des räumlichen Horizontes durch die großen Entdeckungen
12. Die Umlagerung von der Natural- zur Geldwirtschaft.

(1519–1556), der, streng katholisch erzogen, für den Verlauf der Reformation von schicksalhafter Bedeutung werden sollte. Denn sein Ziel war: Wiederherstellung des alten Imperiums, Erhaltung der alten Kirche, Niederwerfung des Islam. Der Kampf mit Frankreich in den italienischen Kriegen (1521–1559) hat den Verlauf der Reformation an vielen Stellen mitbestimmt. Durch die Auflösung des alten Deutschen Reiches waren in Deutschland eine Schwäche der Zentralgewalt und ein Erstarken der Territorialgewalten zu verzeichnen. Wiederum haben die Ohnmacht der Zentralgewalt und die Selbstherrlichkeit der teils souveränen Territorialherren die Reformation erst möglich gemacht. Die wirtschaftliche Lage Deutschlands war noch günstig. Besonders in den Städten entstanden z. B. die Weltwarenhäuser der Fugger.

3. Die Zeit war reif

Es mag zunächst verwundern, dass das Auftreten eines einzelnen Mönchs so zündend wirkte. In Wirklichkeit waren die Reformgedanken Luthers alle schon vor ihm ausgesprochen worden. Dass sie erst durch Luther zur vollen Wirkung kamen, lag nicht nur an dessen genialer Persönlichkeit, sondern auch daran, dass die Zeit inzwischen dafür reif geworden war. Die europäische Massenbewegung der Reformation ist nur aus ganz umfassenden geschichtlichen Zusammenhängen zu verstehen. Die allgemeine Lage drängte auf eine kirchliche Umwälzung. Die Kirche trieb damals notwendig auf eine Katastrophe zu.

4. Die zu Luther hinführende Linie des Humanismus

Nur der humanistische Individualismus konnte verwandte Töne erklingen hören in Luthers Lehre vom allgemeinen Priestertum und von der Freiheit eines Christenmenschen. Die Bedeutung des Humanismus für die Reformation bestand in der Hinwendung des späteren Humanismus zur Religion und in der Entstehung des liberalen humanistischen Bildungschristentums. Dazu kommt noch eine philologische Leistung. Denn »zurück zu den Quellen« heißt für das Christentum: zurück zur Bibel (Reuchlins Zugang zum Urtext des Alten Testaments, Erasmus' Erstausgabe des griechischen Neuen Testaments). Im Übrigen besteht die Religiosität des Humanismus darin, dass das Endziel der wahren Philosophie und das Heil des Christentums eins seien.

Besonders wichtig war die Verbindung des Humanismus mit der sogenannten »devotio moderna« und den »Brüdern vom gemeinsamen Leben«. Das letzte Ziel der devotio moderna, die von der Mystik beeinflusst ist, war die innere »Einung« mit dem Willen Gottes, das Gott »Ehren«; sie ist als Laienbewegung antiklerikal und antitheologisch.

Desiderius Erasmus Roterdamus (1466–1536) wuchs unter dem Einfluss der devotio moderna heran. Das Verhältnis von Antike und Christentum wurde zu seiner Lebensfrage. Er hat beide als gleichberechtigte Größen angesehen. So kam er
  a) zu einer kritischen Haltung gegenüber der Antike, indem er nur das dem Christentum Verwandte aus ihr übernahm;
  b) zu einer kritischen Haltung gegenüber dem Christentum, indem er es nicht als absolute Größe bezeichnete, sondern als eine, die reformiert werden muss.

Um einer wirklichen Reform der katholischen Kirche zu dienen, gibt er 1516 das griechische Neue Testament heraus. Wenn er selbst auch vor den kirchlichen Dogmen nicht haltmachte, so gab er doch dem Papst als Symbol der Einheit eine unentbehrliche Funktion. Der König der Humanisten war zugleich der erste Pazifist des Abendlandes von wirklicher Bedeutung.

5. Geschichte des Ablasses

Zum besseren Verständnis des Ablasses, dieses »Steins des Anstoßes«, muss im Rahmen dieser Vorbemerkungen schließlich an folgendes erinnert werden: Auf der Vorstellung des 9. Jahrhunderts, den im Kampf gegen Ungläubige gefallenen Kriegern seien die kirchlichen Bußstrafen erlassen, beruht im 11. Jahrhundert die Entstehung des Kreuzablasses: der Erlass kirchlicher Bußstrafen für die Teilnehmer am Glaubenskrieg (Kreuzzüge!). Seit dem 12. Jahrhundert konnten auch solche, die nicht persönlich in den Krieg zogen, gegen Geldzahlung Ablass erwerben. Von da an war der Ablass eine wichtige Einnahmequelle für die in ständiger Finanznot steckende Kurie, besonders seit der Einrichtung der Jubelablässe durch Papst Bonifatius VIII. (um 1300).

Seit Bonifatius IX. (1393) wurde der Jubelablass – ursprünglich durch eine Wallfahrt nach Rom, später durch Geldzahlung zu erwerben – mit dem Bußsakrament verbunden: Der Gläubige empfing nun Erlass von Schuld und Strafe, das heißt, durch Absolution in der Beichte Tilgung der Schuld, durch Ablass Erlass der Fegefeuerstrafen. 1474 erklärte Sixtus IV.: Der Ablass ist auch für Tote möglich! Ja, man konnte sich Ablass für zukünftige Sünden verschaffen. 1506 hatte Papst Julius II. einen Jubelablass für den

Neu- oder Umbau der Peterskirche in Rom ausgeschrieben, der 1514 durch Leo X. erneuert wurde. Er war der äußere Anlass zur Reformation.

6. Luthers geistige Entwicklung bis 1520

a) Luthers Jugend

Bis zum Klostereintritt steht Luther unter absolut kirchentreuer Erziehung, das heißt, er wird nicht berührt von antiklerikaler und antikurialer Stimmung oder von häretischen Bewegungen. In Elternhaus und Schule genießt er eine strenge, doch zugleich liebevolle Erziehung.

Er lebt in der Höhenluft katholischer Frömmigkeit. Auf der Domschule von Magdeburg steht er ein Jahr lang in der Hut der »Brüder vom gemeinsamen Leben«, also unter dem geistigen Einfluss der devotio moderna. In Eisenach, in den Häusern Cotta und Schalbe, hat er eine sonnige, gute katholische Jugend verlebt. Die äußeren Lebensdaten sind bekannt.

Wann ist nun die entscheidende Wende Luthers anzusetzen? Welchen Wert haben seine eigenen Äußerungen über seine religiöse Entwicklung in der Klosterzeit nach 1530, besonders in der Vorrede zu seinen gesammelten Schriften 1545? Hat Luther im Kloster etwa mit einem selbstgemachten Katholizismus gerungen, der dem wirklichen nicht entsprach (Josef Lortz)? Liegt das Entscheidende von Luthers früher Theologie in der Rechtfertigungslehre oder in seiner Christologie?

b) Klosterkämpfe

Sein Eintritt ins Kloster ist das große Rätsel im Leben Luthers. Die Gewittererfahrung von Stotternheim (zwischen Mansfeld und Erfurt) erklärt keineswegs, warum Luther gerade dieses Gelübde tat. Warum überhaupt unterbrach er seine Vorlesungstätigkeit, wenige Wochen nach Beginn seines Lehramts? Die Wahl des klösterlichen Lebens ist freilich dann völlig erklärt, wenn das Erlebnis von Stotternheim (»Hilf, St. Anna, ich will ein Mönch werden ...«) einen direkten Ruf ins Kloster in Form einer Audition einschloss, was nach den Quellen möglich erscheint.

1505 tritt Luther ins Schwarze Kloster der Augustiner-Eremiten ein – gegen den Willen des Vaters! Nachdem zunächst eine seelische Beruhigung bei ihm eingetreten war, geriet er bald in tiefe, innere Nöte, die aber nicht durch Anstöße oder Missstände der kirchlichen Praxis entstanden; vielmehr rang Luther mit den Forderungen Gottes und der Kirche so ernst, wie sie gemeint waren, das heißt mit dem echten Katholizismus. Freilich lehrte die katholische Kirche damals wie heute nicht, sich den Zugang zum Himmel durch gute Werke zu verdienen; sie lehrte nur, der Mensch müsse zunächst tun, was in seinen Kräften stünde (Nominalismus).

Diese Vorbedingung stürzte Luther in verzweifelte Not der Heilsungewissheit, denn sie bedeutete ja, auf das Sakrament der Buße angewandt – das doch als Hilfe in Sündennot gedacht war! –, dass der Mensch seine Sünden vollzählig beichten und einen entsprechenden Akt der Reue in sich erwecken muss. Von der Erfüllung dieser Vorbedingung hängt also die Gültigkeit der Absolution ab?! Daher konnte Luther nicht an seine Sündenvergebung glauben: Wie kriege ich einen gnädigen Gott?

Der Generalvikar seines Ordens, Johann Staupitz, half ihm ein Stück weiter und wies ihn auf die in Christus offenbarte Liebe Gottes hin. Staupitz lehrte mit dem mittelalterlichen Kirchenlehrer Thomas von Aquin (im Gegensatz zum Nominalismus), dass am Anfang des Weges zu Gott nicht das eigene menschliche Bemühen stehe, sondern Gott selber mache durch einen Akt seiner Gnade (gratia praeveniens) den Anfang. Mit ihr zusammen erreiche der Mensch die zum gültigen Empfang des Sakramentes notwendige Disposition.

c) Das Turmerlebnis

Das sogenannte »Turmerlebnis« brachte wohl erst die endgültige Lösung seiner Zweifel. Freilich ist der Ausdruck »Turmerlebnis« (genannt nach dem Studierzimmer Luthers im Gartenturm des grauen Klosters in Wittenberg) irreführend, wenn man annimmt, es handele sich dabei um einen plötzlichen Durchbruch reformatorischer Erkenntnisse. Diese Erkenntnis wird vielmehr zwischen 1511 und 1513 während Psalmenstudien anzusetzen sein: das Grübeln über Psalm 71,2; 3,2; eventuell schon verbunden mit Römer 1,17; 3,21 ff., nötigte Luther zu neuem Nachdenken über die »Gerechtigkeit Gottes«.

Dabei machte er zunächst eine philologische Entdeckung: Gerechtigkeit Gottes ist nicht die Qualität, die Gott zu eigen ist (genitivus subjectivus), sondern die Eigenschaft, die er einem anderen verleiht (genitivus objectivus). Dazu geht er die Schrift durch und andere Ausdrücke fallen ihm auf: »Werk Gottes«, das heißt, was Gott in uns wirkt: »Kraft Gottes«, durch die er uns kräftig macht usw. Es handelt sich also nicht um eine aktive Gerechtigkeit Gottes, nach der er jedem zuteilt, was ihm zukommt, sondern um eine passive Gerechtigkeit Gottes, durch die wir gerecht gemacht werden, die wir erleiden. Der Mensch empfängt die neue Gerechtigkeit als Geschenk Gottes.

Das größte Missverständnis evangelischer Verkündigung ist es nun, wenn das Medium, durch das nach Gottes Willen uns diese Gerechtigkeit zuteil wird, der Glaube, als Werk des Menschen verstanden wird; und zwar ergibt sich dieses Missverständnis aus dem Tatbestand, dass das, was psychologisch nichts anderes als ein menschliches Tun ist (glauben), sachlich lediglich als Geschenk Gottes zu gelten hat.

Luther aber geht zugleich der Gegensatz von Gesetz und Evangelium auf. Das Gesetz wurde nun für Luther Gotteslästerung, das Evangelium hingegen freie Schenkung Gottes, die sich in Christus als Gott der Liebe offenbart. Der Weg vom Menschen zu Gott ist total vermauert. So ernst nahm Luther die Sünde. Es gibt nur den Weg von Gott zum Menschen, der Christus heißt.

d) Luthers Reformschriften

Außer in seinen Vorlesungen an der Universität Wittenberg hatte sich zwischen 1517 und 1521 der große Ausbau seines Denkens vollzogen. Von seinen Gegnern zur Begründung seines Standpunktes gezwungen, von Freunden um weitere Schriften gebeten, erschienen zunächst in dichter Folge völlig unpolemische deutschsprachige, seelsorgerliche Schriften: Die Sermone von Ablass und Gnade, vom Wucher, vom ehelichen Stande, von der Bereitung zum Sterben, von den Sakramenten u. a. Sie gehören mit dem Großen und Kleinen Katechismus, der Bibelübersetzung und den Kirchenliedern zu den eindrücklichsten Zeugnissen jener Sprachgewalt Luthers, die die evangelische Frömmigkeit bis in unsere Gegenwart prägt.

An den christlichen Adel deutscher Nation

Die drei großen Reformschriften von 1520 aber besiegeln den Bruch mit der Papstkirche. Die Zeit des Schweigens sei vergangen, beginnt Luther »An den christlichen Adel deutscher Nation von des christlichen Standes Besserung«. Zumal ohnehin der geistliche Stand ganz unachtsam geworden sei, will er prüfen, ob Gott durch den Laienstand seiner Kirche helfen wolle.

Hier nimmt Luther die seit 100 Jahren diskutierten deutschen Beschwerden gegen den römischen Papst auf. Luthers Gedanken verbinden sich so auch mit dem erwachenden Nationalempfinden und er wird bald zum engagierten Verteidiger seines deutschen Vaterlandes und dessen Rechten. Entschlossen legt Luther alle Schranken innerhalb der Christenheit nieder. Alle Christen seien eines Standes, alle seien Priester: »Ein Schuster, ein Schmied, ein Bauer – ein jeglicher hat das Amt ... seines Berufes, und sie sind doch alle in gleicher Weise geweihte Priester und Bischöfe ... Das kommt daher, dass wir eine Taufe, ein Evangelium, einen Glauben haben.« War damit der Anspruch des geistlichen Standes getroffen, dem weltlichen überlegen zu sein, so verwirft Luther auch den Anspruch des Papstes, über die Auslegung der Bibel letztgültig und über die Einberufung eines Konzils allein entscheiden zu können. Die drei Mauern der Papstkirche sind damit gefallen, das Evangelium ist frei!

Im 2. Teil dieser Schrift zählt er auf, was durch weltliche Gewalt oder ein allgemeines Konzil geschehen könnte: Das Pfründenwesen des römischen Hofes sollte fallen, Bischöfe sollen von ihren Kollegen in ihrem Amt bestätigt werden. Was die kriegerischen Verwicklungen des Kirchenstaates (Vatikan) betrifft, so solle der Papst »die Hand aus der Suppe ziehen«, Pfarrer sollen nicht zur Ehelosigkeit gezwungen werden. Alle Feste außer dem Sonntag seien abzuschaffen und auch die Universitäten bedürften wohl einer guten starken Reformation.

Über die Babylonische Gefangenschaft der Kirche

Auf lateinisch und vornehmlich für Theologen geschrieben ist der Traktat »Vorspiel über die Babylonische Gefangenschaft der Kirche«. Hier geht es Luther um die Messe und um die Sakramente. Der Titel spielt auf jene Gefangenschaft an, in die die Oberschicht des Volkes Israel nach der Niederlage gegen die Babylonier im 6. Jahrhundert vor Christus deportiert worden ist; das gleiche Schicksal habe die Kurie der Messe und den Sakramenten bereitet. Als Sakrament will Luther nur die Verheißungen Jesu Christi bezeichnen, die mit einem äußeren Zeichen verbunden sind. Sie sollen im Glauben angenommen werden, wirken also nicht automatisch. Die äußeren Zeichen Wasser, Brot und Wein verändern auch nicht ihr Wesen.

So gesehen ist auch die Buße eigentlich kein Sakrament, da ihr das äußere Zeichen fehlt; sie ist deshalb nichts anderes als der Weg und die Rückkehr zur Taufe! Dennoch zählt Luther die Buße 1520 noch dazu und lehnt nur die vier anderen katholischen Sakramente ab. Sie sind als solche von der Kirche erfunden. Scharf kritisiert er die katholische Auffassung, die Messe sei ein »gutes Werk und Opfer des Menschen«. Die ganze Gestalt der Kirche erscheint Luther daher reformbedürftig, damit sie der Predigt des Evangeliums und des einmaligen Opfertodes Jesu Christi für uns Raum gebe.

Luther fühlte sich dennoch keineswegs als Ketzer. Zwar rüttelte er an den Fundamenten des katholischen Kirchenverständnisses als einer hierarchisierten Gnadenanstalt; er setzte ihr aber sein Verständnis von Kirche entgegen: »Ein christliches, heiliges Volk ..., in welchem Christus lebt, wirkt und regiert durch die Erlösung ... und der Heilige Geist durch Lebendig- und Heiligmachung.« »Wo immer auf Erden das Wort samt den Sakramenten lauter und rein gelehrt wird, da ist das Haus Gottes ... Und ihren Ort hat die Kirche im Gotteshaus ebenso wie in der Schule, im Privathaus und im stillen Kämmerlein.«

Freilich war es mehr als eine Geste, dass Luther die dritte große Reformschrift von 1520 »Von der Freiheit eines Christenmenschen« Papst Leo X. widmete. Darin geht es nämlich um die Freiheit des aus Glauben gerechtfertigten Christen, sein eigenartiges Zwischensein zwischen Gott und Mitmensch: »Ein Christenmensch ist ein freier Herr über alle Dinge und niemand untertan. Ein Christenmensch ist ein dienstbarer Knecht aller Dinge und jedermann untertan«, heißt es paradox und thesenhaft am Anfang.

7. Entwicklung und Verlauf der Reformation

Von Wittenberg bis Worms (1517–1521)

In Mainz, Magdeburg und Halberstadt wurde der Ablass vertrieben durch Albrecht, den Erzbischof von Mainz und Magdeburg. Die Kurie bestätigte Albrecht in diesen drei Pfründen nur gegen Zahlung einer Vergleichssumme, war ihm aber durch Überlassung des Ablasshandels in seinen drei Pfründen behilflich, die bei dem Hause Fugger gemachten Schulden zu tilgen. In den drei Pfründen Albrechts trat seit 1517 der Dominkanerprediger und Ablasshändler Tetzel auf.

Luther wurde mit dem Unwesen des Ablasses konfrontiert, als von ihm im Beichtstuhl verlangt wurde, er solle jenseits der sächsischen Grenze, etwa im nahen Jüterbog erworbene Ablassbriefe einlösen, also die Absolution gleichsam automatisch erteilen. Er predigte dagegen und forderte schließlich mit einer Anzahl von lateinisch abgefassten Thesen zu einer akademischen Disputation auf, wie es damals durchaus üblich war (die Tür der Schlosskirche zu Wittenberg, wo die 95 Thesen angeheftet worden sein sollen, diente dabei als »Schwarzes Brett« der Universität, denn die Kirche war zugleich Universitätskirche). Den sich schnell verbreitenden Thesen – zur Disputation selbst kam damals niemand – folgten Gegenthesen Tetzels. Hauptgegner wurde der Ingolstädter Professor Eck. Nach päpstlichen Besänftigungsversuchen wurde der Ketzerprozess gegen Luther eingeleitet (zunächst in einem summarischen Verfahren).

Luther lehnte den Widerruf ab (»resolutiones« = Erklärung seiner Thesen) und erhielt die Zusicherung des Beistandes seines Landesherrn, Friedrich des Weisen von Sachsen. Papst Leo X. forderte durch seinen Magister Prierias ein theologisches Gutachten über Luther an und Kardinal Cajetan wirkte auf ein neues Verfahren gegen Luther hin. Die nächste Kaiserwahl ließ Zugeständnisse der Kurie an den »geheimen Wahlkandidaten« Friedrich den Weisen als günstig erscheinen: Luther sollte nämlich in Deutschland vor Cajetan auf dem Reichstag in Augsburg 1518 verhört werden. Die Verhandlungen mit Cajetan blieben jedoch ohne Ergebnis. Luther appellierte an den Papst, dann an ein allgemeines Konzil. Cajetans Ansinnen an Friedrich den Weisen, Luther auszuliefern, wurde abgelehnt. Ohne Ergebnis blieb auch Luthers Gespräch mit dem untergeordneten päpstlichen Kurtisanen Karl von Miltitz (der aber zu keinen selbstständigen Verhandlungen ermächtigt war): Luther wollte schweigen, wenn auch seine Gegner schweigen. Die Leipziger Disputation 1519 mit Johann Eck führte Luther dazu, neben der Autorität des Papstes auch schon die Unfehlbarkeit von Generalkonzilien zu bestreiten. Eck: Luther ist ein Ketzer – wie Hus! (1415 Verbrennung des Tschechen Johann Hus auf dem Konstanzer Konzil wegen Forderung von Nationalkirche, Predigt in Landessprache und Ablehnung des Papstes). Die ersten Mitstreiter Luthers stellen sich ein: Karlstadt, Brenz, Bucer und vor allem Philipp Melanchthon, sein Mitstreiter auf Lebenszeit. Die drei großen Reformationsschriften entstehen (s. o.).

Bis 1519 übte die Kurie Zurückhaltung gegenüber Luther, denn sie brauchte für die Kaiserwahl Friedrich den Weisen und seine Stimme, ja, sie schlug ihn sogar als Kaiser vor. Der Kurfürst lehnte jedoch ab und gab die ausschlaggebende Stimme für Karl V., der von der Kurie nicht erwünscht war. 1520 wurde dann Luther die Bannandrohungsbulle an die Universität Wittenberg zugestellt, die er – zusammen mit anderen Büchern des Papstes – am Elstertor verbrannte.

Dem folgte 1521 der Bann über Luther. Dem Bann aber folgte normalerweise die Reichsacht. Trotzdem wurde Luther auf Bitte Friedrichs des Weisen auf dem Reichstag von Worms 1521 verhört und bekam vom Kaiser freies Geleit zugesichert. Dort wurde er während einer Nebenverhandlung in einem Haus im heutigen Heylshofgarten zum Widerruf seiner bisherigen Schriften aufgefordert. Nach einer Bedenkzeit von einem Tag widerrief Luther nicht und ließ ausschließlich Gründe aus der Heiligen Schrift gelten. Karls V. Entschluss, mit allen Mitteln gegen Luther vorzugehen, stand fest.

Die Folge war das Edikt von Worms: Reichsacht über Luther, Verbrennung seiner Schriften und Bücherzensur.

Von Worms bis Speyer (1521–1526)

An sich war Luther mit der Reichsacht vogelfrei. Das Urteil wurde aber nicht vollstreckt und die Reformation ging weiter! Die Gründe sind in der politischen Lage zu suchen. Für Karl V. war die katholische Weltkirche ein Gegenstück seines Weltreiches. Andererseits war er in seiner Erziehung von der devotio moderna beeinflusst, daher lag ihm viel an einer echten Reform der Kirche. Das wiederum brachte ihn in Gegensatz zur römischen Kurie, die jede Reform ablehnte. Außerdem nahm Karl V. den Kampf mit Frankreich um Oberitalien auf. Da er bereits Herr über Neapel war, drohte dem Kirchenstaat die Umklammerung (wie schon einmal zur Zeit der Staufer). Ohne den Gegensatz zwischen Kaiser und Papst war jedenfalls die Durchsetzung der Reformation nicht möglich und nicht denkbar. Die Einkreisungspolitik gegen Frankreich bedeutete eine Aufspaltung der katholisch bleibenden Welt in eine französische und eine spanische Gruppe und war eine weitere Schwächung für sie. Der dritte Gegner Roms wurde König Heinrich VIII. von England, weil der Papst seiner Ehescheidung von Katharina von Aragonien nicht entgegenkam. Auch gab es einen Gegensatz zwischen deutschen Territorialfürsten und Karl V. mit seinen absolutistischen Neigungen. Der 1. Französische Krieg beschäftigte den Kaiser von 1521–1526; die deutschen Fürsten führten allein das Wormser Edikt nicht durch, erhofften sich im Gegenteil von Luther die Abstellung einer Fülle von Missständen der Kurie. So blieb jegliche Aktion aus! Die Reformation breitete sich aus: Nachdem Friedrich der Weise Luther auf der Rückreise vom Wormser Reichstag im Thüringer Wald aufheben und auf der Wartburg verbergen ließ, übersetzte Luther dort in zehn Wochen das Neue Testament, wobei ihm die sächsisch-böhmische Kanzleisprache zugrunde lag (mit seiner Bibelübersetzung schuf Luther im Land der verschiedensten Dialekte praktisch eine neue Sprache, die deutsche Hochsprache; seine Leistung ist noch umso höher zu bewerten, als er Handschriften des 9.–11. Jahrhunderts verwenden musste, denn die im vergangenen Jahrhundert auftauchenden, fast gesamtbiblischen Codices Sinaiticus, Alexandrinus und Vaticanus aus dem 4., bzw. 5. Jahrhundert (!) lagen ihm ja noch nicht vor). Bereits 1521 schuf Melanchthon die erste lutherische Dogmatik, die »loci communes«; 1524 erschien das erste Gesangbuch Luthers; im gleichen Jahr erhob Luther seine Forderungen einer gründlichen Unterrichtsreform »An die Ratsherren aller Städte deutschen Landes«; in die Zeit 1524/25 fällt auch die Auseinandersetzung mit den Schwärmern, aber schon 1522 forderte Karlstadt in Wittenberg:

Pfarrer müssten in den Ehestand treten; Mönche und Nonnen sollten die Klöster verlassen; Beseitigung der unevangelischen Bestandteile in der Messe; Beseitigung der Bilder und Nebenaltäre aus den Kirchen. Hauptgegenspieler Luthers wurde Thomas Münzer. Dagegen hielt Luther 1522 – von der Wartburg »plötzlich« auftauchend (denn viele wähnten ihn tot!) – in Wittenberg seine berühmten Invokavitpredigten (vom Sonntag »Invocavit« = 9. März bis 16.3. jeden Tag), die von dem Hauptgrundsatz der Liebe für den noch nicht gewonnenen Bruder geleitet waren. Luther ist dem Spiritualismus als der großen Gefährdung der Reinheit des Evangeliums mit Leidenschaft entgegengetreten. 1525 fiel auch Luthers Scheidung von den Bauern, die das Evangelium in den Dienst säkularer Interessen stellten. Hier hat Luther zweifellos das Evangelium vor der Verwandlung in eine soziale und politische Doktrin gerettet. Auch der Humanismus schied sich z. T. in den Jahren von Luther. Dazu kommt die Spaltung des Protestantismus in zwei getrennte Gruppen als Folge des 1. Abendmahlsstreites mit dem Schweizer Reformator Ulrich Zwingli. Luthers Heirat 1525 mit der Nonne Katharina von Bora aus dem Kloster Nimbschen bei Grimma war für die Ausbreitung der Reformation eher ein Hemmnis. So war das Jahr 1525 das vorläufige Ende der reformatorischen Volksbewegung.

Trotzdem war die Reformation nicht am Ende. Als neue Größe trat das Landesfürstentum auf den Plan: 1525 trat der Hochmeister des Deutschen Ordens, Albrecht von Preußen, der Reformation bei, in Kursachsen Johann der Beständige, in Hessen Philipp der Großmütige. Die Reformation ruhte fortan auf den Fürsten statt auf dem Volk; das bedeutete freilich ihre Politisierung (»Fürstenreformation«!). Der Reichstag von Nürnberg 1524 zeigte, dass das Reich zunächst nichts gegen die lutherische Ketzerei unternahm. Daraufhin wurde eine katholische (!) Initiative gestartet: Papst Clemens VII. veranlasste durch den Legaten Campegi das Regensburger-Dessauer Bündnis der süddeutschen

Fürsten, um das Wormser Edikt durchzuführen. Die evangelischen Fürsten bildeten im Gotha-Torgauer Bündnis einen Gegenbund. Von da an gab es eine katholische und eine evangelische Fürstengruppe; eine einheitliche Regelung wurde dadurch praktisch unmöglich. Die konfessionelle Spaltung Deutschlands war Tatsache geworden. Wohlgemerkt, auf eine katholische Initiative hin! Der Reichstagsabschied des Reichstages von Speyer 1526 lautete dementsprechend: »Jeder Reichsstand in Sachen des Wormser Edikts solle sich so verhalten, wie er das gegen Gott und Kaiser hoffe und vertraue zu verantworten.« Das war der reichsrechtlichen Freigabe der Evangelischen gleichzusetzen! Kaiser und Papst aber waren in diesen Jahren unfreiwillige Bundesgenossen für die Evangelischen: Der Kaiser suchte den Papst durch den Appell an ein allgemeines Konzil zu schrecken; Papst Clemens VII. beschäftigte den Kaiser in Italien.

Von Speyer bis zum Nürnberger Anstand (1526–1532)

Auf dem *Reichstag von Speyer 1529* bekannten sich 19 von 400 Reichsständen zum Evangelium. Das Wormser Edikt wurde weiterhin befohlen – mit dem Zusatz »wo möglich«! Besonders die Messe sollte nirgends abgeschafft werden. Gegen diesen Beschluss, der praktisch wieder hinter Speyer 1526 zurückfiel, protestierten die Evangelischen (seitdem *»Protestanten«*) aus Gewissensgründen. Das Marburger Religionsgespräch 1529 zwischen Luther und den Schweizern brachte keine Überbrückung des Gegensatzes in der Abendmahlslehre (Luther bei den Einsetzungsworten: »Dies ist mein Leib«; Zwingli: »Das bedeutet, bezeichnet, erinnert an mein Leib.«). Einige Forscher nehmen neuerdings an, dass man sich in Marburg evtl. auch noch in diesem letzten von insgesamt 15 Artikeln geeinigt hätte (oder nähergekommen wäre), wenn nicht der Einbruch des »englischen Fiebers« in die Stadt zu einem vorzeitigen Ende der Schlossgespräche geführt hätte.

Zum *Reichstag von Augsburg 1530* wollte der Kaiser (der sich öfter durch seinen Bruder Ferdinand vertreten ließ) persönlich erscheinen, denn die Religionsfreiheit sollte »freundlich« geregelt werden. Die meisten evangelischen Stände waren auch erschienen und überreichten die *Confessio Augustana (CA)* als ihr Bekenntnis. Die von Melanchthon konzipierte Schrift ließ die Gegensätze möglichst gering erscheinen oder gar zum Teil verschweigen. Die CA stellte den Widerspruch der Lutheraner gegen die Wandlungslehre der Messe und gegen das Papsttum zurück; sie stellte hingegen die Rechtfertigung allein aus Gnaden um Jesu Christi willen heraus. Die CA war unterzeichnet von: Kursachsen, Ansbach, Braunschweig-Lüneburg, Hessen, Anhalt und den Reichsstädten Reutlingen und Nürnberg. Die von Zwingli beeinflussten (wegen Art. X »Abendmahl«) Städte Straßburg, Konstanz, Memmingen und Lindau unterschrieben 1532. Die CA, die seitdem das einheitliche Bundesbekenntnis der Evangelischen ist, war von Melanchthon ausgleichend angelegt worden und ist sozusagen das letzte Arbeitspapier »unter einem Dach« gewesen. Und nachdem man sich in den ersten 21 Artikeln auch geeinigt hatte, gelang die Beilegung des Zwistes doch nicht. Das Wormser Edikt wurde erneuert, die Neuerungen verboten. Daraufhin hatte sich 1531 – zunächst für 6 Jahre – der Schmalkaldische Bund der Evangelischen gebildet, zum Schutz gegen die Durchführung des alten Reichstagsbeschlusses von 1521. Da stieg die Türkengefahr wieder herauf und nachdem 1529 Suleiman von Wien abgewiesen wurde, rückten die Türken 1532 erneut vor. Zu ihrer Bekämpfung brauchte der Kaiser die Evangelischen. Dabei kam er ihnen ein erstes Mal entgegen im Nürnberger Anstand von 1532: Friedenzusicherung (Duldung) für die Evangelischen bis zu einem Konzil oder bis zu neuen Abmachungen. Der Nürnberger Anstand wurde im Frankfurter Anstand 1539 noch einmal erneuert. Für die innere Entwicklung der evangelischen Kirche in dieser Zeit aber wurde allein die Ausbildung des *protestantischen Landeskirchenfürstentums* wichtig. Dafür wurde 1526-1532 der Grund gelegt: zwei Linien führten dazu, die spätmittelalterliche Landeskirchenhoheit und die Kirchenvisitation von Luthers Kurfürst Friedrich dem Weisen, die später zum landeskirchlichen Aufbau der evangelischen Kirche entscheidend beitrug. Die schwerwiegende Folge allerdings war, dass es in Deutschland nie zu einer evangelischen Bischofskirche kam (wie in Skandinavien). Trotzdem hat das Landeskirchentum der werdenden evangelischen Kirche erheblich geholfen.

Vom Nürnberger Anstand bis zum Schmalkaldischen Krieg (1532–1547)

Der Kaiser war weiterhin beschäftigt mit den Türken und in den französischen Kriegen. – Die Religionsgespräche zwischen Melanchthon und dem italienischen Reformtheologen Kardinal Contarini in Hagenau (1540) und Worms (1540/41) über die Rechtfertigungslehre brachten auch 1541 in Regensburg keine Einigung. Contarini konnte die Transsubstantiationslehre (Lehre von der Wandlung der Abendmahlselemente bei der Messe) nicht preisgeben, Melanchthon sie nicht anerkennen. Im Vordergrund aber standen die Kämpfe mit dem Täufertum. Die Wiedereroberung von Münster/Westfalen, wo die Täufer Fuß fassten, führte zur Ernüchterung und Selbstbesinnung unter Menno Simons (Mennoniten) um 1550. Nachdem nun eine weitere Verbreitung der Reformation möglich wurde, sind die Aussichten der Evangelischen jedoch von zwei Hindernissen überschattet worden:
aa) Der politische Gegensatz der beiden Sachsen hielt Moritz von Sachsen vom Schmalkaldischen Bund fern;

bb) die Doppelehe Philipps von Hessen – mit Wissen Luthers und Melanchthons – lieferte den aktivsten Mann auf evangelischer Seite dem Kaiser aus. An sich des Todes schuldig, bekam der Landgraf Amnestie unter der Bedingung, A) dass er jedes Bündnis des Schmalkaldischen Bundes mit Frankreich oder England hintertrieb (das bedeutete zugleich die Isolierung des Bundes), B) dass er die Aufnahme des Herzogs Wilhelm von Kleve in den Bund verhinderte.

Allein gelassen wurde Philipp 1543 vom Kaiser leicht besiegt und musste die Reformation in seinem Lande rückgängig machen. Die Folgen von Philipps Doppelehe waren außerdem, dass der Norden von Westdeutschland katholisch und die katholische Mehrheit im Kurfürstenkollegium erhalten blieb.

Der Kaiser aber erkannte im Klevischen Krieg die Schwäche des Schmalkaldischen Bundes und fasste den Entschluss zum Schmalkaldischen Krieg. Überhaupt empfand man nur noch den Krieg als letztes Mittel in Sachen der lutherischen Ketzerei. Der Kaiser war jetzt gerade frei und bereit dazu (Franz I. war besiegt; 1545 trat er in einen 1½jährigen Waffenstillstand mit den Türken und mit dem Papst befand er sich im Bündnis; er hatte sich sogar mit dem Papst über das lange geforderte Konzil verständigen können, das Paul III. auf den 15.3.1545 nach Trient einberief).

Luther erlebte den Schmalkaldischen Krieg 1546/47, die Niederlage der Protestanten und den Augsburger Religionsfrieden nach dem Fürstenkrieg nicht mehr. Bereits 1537 hatte ihn sein altes Steinleiden an den Rand des Grabes gebracht; seine Körperkräfte ließen nach. Seine Haltung in den letzten Jahren wurde verhärteter. Für uns unerträglich z. B. war seine Polemik in den drei Judenschriften 1543. Es wäre jedoch falsch, seine grundsätzliche Kritik der Juden als Antisemitismus zu bezeichnen, da rassische Argumente Luther fremd waren. Seine letzte Streitschrift galt dem Feind der ersten Stunde: »Wider das Papsttum zu Rom, vom

Teufel gestiftet« (1545). Luther, der am 10. November 1483 in Eisleben geboren wurde, erlag ebendort am 18. Februar 1546 der Angina pectoris, die sich seit längerer Zeit angekündigt hatte.

Im Schmalkaldischen Krieg nun hatte der Kaiser zwei Ziele:
Beseitigung der Reformation,
Überwindung des innerdeutschen Partikularismus.
Weil er aber beide Ziele miteinander verknüpfte, hat er beide nicht erreicht. Zunächst brachte 1546/47 eine völlige Besiegung des Schmalkaldischen Bundes, doch der Gegensatz zwischen Kaiser und Papst trübte den Sieg. Daher ordnete der Kaiser auf dem Augsburger Interim 1548 selbst die Verhältnisse in Deutschland: die Priesterehe und der Laienkelch wurden den Evangelischen gestattet; im Übrigen schrieb das Interim in Lehre und Brauch die katholische Auffassung vor. Der Protestantismus war aufs äußerste bedroht. Karls Sieg war indessen doch nicht groß genug, um die Evangelischen unter das Interim zu zwingen. Dazu kam, dass Frankreich und die Türken den Krieg gegen den Kaiser erneuerten. Entscheidend für die Wende aber war die innerdeutsche Opposition einer Gruppe von Fürsten. Gründe für diese oppositionelle Haltung der sogenannten »Fürstenverschwörung« waren:

A) Die kirchlichen Pläne des Kaisers;
B) die Behandlung der kurfürstlichen Gefangenen aus dem Schmalkaldischen Kriege, Johann Friedrich von Sachsen und Philipp von Hessen;
C) die neue kaiserliche Erbfolgeordnung (dauernde Bindung Deutschland-Spanien);
D) die Umwandlung des Kaisertums in eine Erbmonarchie, dadurch Beseitigung des kurfürstlichen Wahlrechtes.

Nachdem nun Moritz von Sachsen die Partei gewechselt hatte, schloss er sich den Verschworenen an und wurde ihr Führer. Sie überraschten den Kaiser in Innsbruck völlig, so dass Karl sich mit knapper Not nach Kärnten rettete. Das Konzil von Trient aber löste sich auf (später trat es wieder zusammen, tagte mit Unterbrechungen bis 1563 und bestimmte bezüglich der Rechtfertigung: Die Mitwirkung des Menschen bei der Rechtfertigung wird aufrechterhalten, die Heilsgewissheit ausdrücklich verworfen; zugleich ist die Rechtfertigung eine echte Gerechtmachung = durch das Sakrament gewirkte Übertragung einer neuen Qualität. Eine antiprotestantische, starke Verengung des Konzils!).

Nun waren die evangelischen Stände Herren der Lage. Im Passauer Vertrag von 1552 wurde bestimmt: Der Kaiser musste das Interim preisgeben, die protestantischen Kirchengüter, die er eingezogen hatte, als deren Besitz anerkennen, die gefangenen Fürsten (s. o.) freilassen, die Acht gegen sie aufheben, ihre Länder zurückgeben und den Protestanten Frieden zugestehen bis zum nächsten Reichstag. Danach blieb die reichsrechtliche Anerkennung der Evangelischen die einzige Möglichkeit.

Der Augsburger Religionsfrieden von 1555

(der von Karls Bruder Ferdinand geregelt wurde)

Der Augsburger Religionsfrieden hat die konfessionelle Spaltung Deutschlands besiegelt. Die »Verwandten der CA« wurden reichsrechtlich anerkannt, aber durch das reservatum ecclesiasticum (den geistlichen Vorbehalt der Kirche), das in den Reichstagsabschied mit aufgenommen wurde, wurde doch die Erhaltung der alten, zerfallenen Kirche gesichert. Der Augsburger Religionsfrieden entschied die konfessionelle Geschlossenheit der deutschen Territorien, die sich bis zum Beginn des 19. Jahrhunderts so erhalten hat. Der Augsburger Religionsfrieden barg aber auch durch viele, z. T. beabsichtigte Unklarheiten, neue

Konflikte in sich. Erst nach dem 30jährigen Krieg im Westfälischen Frieden von 1648 wurden hier klarere Lösungen gefunden. Die Beschlüsse im Einzelnen:

a) Kein Reichsstand sollte in Zukunft wegen seiner Zugehörigkeit zur CA oder zur »alten Religion« mit Krieg überzogen werden. Allerdings bleiben alle, die den beiden genannten »Religionen« nicht angehörten, ausdrücklich ausgeschlossen (Täufer, Zwinglianer usw.).

b) Der Augsburger Religionsfrieden proklamierte nicht in unserem Sinne »Religionsfreiheit«, sondern gewährte den Landesherren Freiheit, sich für die eine oder andere »Religion« zu entscheiden (ius reformandi). Die Untertanen aber hatten sich nach dem Bekenntnis ihres Landesherrn zu richten (cuius regio, eius religio = wem das Land gehört, der bestimmt die Religion; die lateinische Formel steht nicht in der Urkunde, ist nur kommentierender Rechtssatz). Allerdings sollten andersgläubige Untertanen ohne Schaden an Ehre, Gut, Frau und Kind auswandern dürfen.

c) Die Altgläubigen setzen das reservatum ecclesiasticum durch, um den Fortbestand des geistlichen Fürstentums zu retten. Die reichsunmittelbaren geistlichen Fürsten mussten beim Übertritt zur CA ihr Amt niederlegen und dem Domkapitel das Recht freier Neuwahl zugestehen.

d) Die geistliche Jurisdiktion wurde in den evangelischen Gebieten bis zu einer endgültigen Regelung suspendiert. Das Reichskammergericht sollte mit Vertretern beider Konfessionen besetzt werden. Die eingezogenen reichsmittelbaren geistlichen Güter blieben den Protestanten.

e) Der Augsburger Religionsfrieden war zunächst als »provisorischer Frieden« gedacht. Doch sollte der endgültige Vergleich »nicht anders denn durch christliche, freundliche, friedliche Mittel« erreicht werden. Wenn es nicht zu einem solchen Vergleich kommen sollte, sollte dieser Friede ein »ewig währender« sein.

Jedenfalls war die Alleinherrschaft des Papsttums gebrochen und das Ketzerrecht für ganz Deutschland außer Kraft gesetzt. Der Friede war ein ungeheurer Sieg des Protestantismus. Verlierer war die katholische Kirche.

8. Zusammenfassung

Was hat Luther beseitigt? – Die katholischen Autoritäten: Papst, Konzilien und kirchliche Tradition, den Priesterbegriff, die hierarchische Verfassung, die Vorstellung göttlicher Bestandteile im Kirchenrecht, den Glauben an das Fegefeuer, das Messopfer, die katholische Sakramentauffassung, die Sakramente – außer Taufe und Abendmahl, die gesamte Religion 2. Ordnung: Heiligenanrufung, Bilderverehrung, Reliquien, Wallfahrten, Weihwasser, Prozessionen, Amulette usw.; den gesamten Werkdienst, das Mönchtum, die doppelte Sittlichkeit, den religiös sanktionierten Bettel, den ekstatisch-visionären Zug der Frömmigkeit, wenigstens grundsätzlich die allegorische Schriftauslegung.

Was blieb unangetastet? – Die supranaturalistische Weltanschauung (Lehre von der der Vernunft unerreichbaren göttlichen Offenbarung), der massive Glaube an Engel, Teufel, Dämonen, Hexen usw., der Pessimismus gegenüber dem Erdendasein und die endzeitliche Erwartung, die altkirchliche Vorstellung von der EINEN allein wahren Kirche.

Was war zwiespältig? (Nach K. Heussi, a. a. O.)
Die Wirkungen der Reformation auf die Autorität der Heiligen Schrift, d. h. verstärkte Wirkung, als sie nach dem Wegfall der übrigen Autoritäten zur alleinigen Autorität und zum Maßstab für die katholischen Dogmen und Institutionen wurde; geschwächte Wirkung, insofern Luther zwischen »Schrift« und eigentlichem »Wort Gottes« unterschied; die Verbalinspiration (Wort-für-Wort-Eingebung der Heiligen Schrift durch unmittelbare Einwirkung des Heiligen Geistes); das altkirchliche Dogma (dessen Geltung Luther zunächst für das 16. – 18. Jahrhundert verstärkte, dessen Auflösung seit dem 18. Jahrhundert er durch gewisse Grundsätze vorbereitete); die Beibehaltung der Askese (Luther verwarf die Weltflucht, behielt aber das Fasten bei), die asketische Beurteilung des Sexuallebens bei positiver Bewertung der Ehe. Luther hat im Neuen Testament unter starker Verkennung der Synoptiker (Markus-, Matthäus- und Lukas-Evangelium) einseitig die paulinisch-johanneischen Gedanken verwertet, zudem nur eine Auswahl paulinischer Gedanken sich angeeignet (Folge für Luthertum).

Alles in allem beschreibt Luthers Werk eine vom Katholizismus sehr wohl zu unterscheidende Gesamtauffassung dessen, was »Christentum« ist. Doch wollten Luther und seine Anhänger keine grundsätzlichen Neuerer sein; vielmehr sahen sie das Erreichte als eine »reformatio« an, d. h. als eine Wiederherstellung der ursprünglichen Form des Christentums (des alten Evangeliums). Sich selbst sahen sie dabei als die Glieder der alten Kirche an, die Anhänger des Papstes als die Abtrünnigen. Kirchengeschichtlich gesehen, beschreibt freilich die lutherische Reformation eine andere Form des Christentums. Wiederum schufen die Beschlüsse des Augsburger Religionsfriedens insofern eine schwere Verlegenheit, als es zwei gleichberechtigte Kirchen theologisch nicht geben kann. Eingedenk dieser Schwierigkeiten begann die evangelische Kirche ihren Weg des Protestantismus durch die Geschichte.

Quellennachweis

Zum Artikel über Luther und die Reformation

Karl Heussi: »Kompendium der Kirchengeschichte«, 11 1957;
Walter von Löwenich: »Die Geschichte der Kirche«, 1962;
Kurt-Dietrich Schmidt: »Grundriss der Kirchengeschichte«, 1967;
Dietrich Emme: »Martin Luthers Weg ins Kloster«, Regensburg 1991.
Dazu nachträglich gelesen: Thomas Kaufmann: »Erlöste und Verdammte, Eine Geschichte der Reformation«, C. H. Beck, München 2016.

9. Exkurs: Motive über Luthers Klostereintritt

Motive dessen, was ihn zum Reformator machte, sind dabei für uns nach wie vor interessant genug. Dass sein Eintritt in das Augustinerkloster in Erfurt im Jahr 1505 eine wichtige Entscheidung oder die Weichenstellung für Luther war, ist hinlänglich bekannt. Das bisherige alte und überlieferte Motiv für diesen Eintritt liest sich, kurz zusammengefasst, vordergründig so:

Wohl aus seiner Heimat im Mansfelder Land (Silberbergwerke) nach Erfurt zurück kommend, hatte er vor Stotternheim bei Erfurt das immer wieder beschriebene Gewittererlebnis, bei dem er das Gelübde ausrief: »Hilf, St. Anna (Schutzheilige der Bergleute!), ich will ein Mönch werden!«

Er nahm Abschied von seinen Freunden und trat wenige Tage danach ins Kloster ein.

Wenn wir dabei nicht ein besonderes Berufungserlebnis

vorausetzten (Mose, die Propheten, Paulus), ist die Tatsache des Klostereintritts sonderbar und merkwürdig. Denn nach den Vorstudien in den »7 freien Künsten« (Studium generale) und ihrer Abschlüsse mit den akademischen Graden »Bakkalaureus« und »Magister« hatte er gerade 6 Wochen mit dem Hauptstudium Jura begonnen, als die oben geschilderten Ereignisse eintraten. Man hat daher immer wieder Forschungen angestellt, die diese plötzliche Wende des jungen Gelehrten erklären könnten. So auch der zeitgenössische Jurist Dietrich Emme aus Regensburg, der mehrere Aufsätze über Luther geschrieben hat.

Luther selbst (etwa in den mitgeschriebenen Tischreden) hat von einem »gezwungenen und notgedrungenen Gelübde« gesprochen. Emme nun hat in seinen Lutherforschungen zunächst darauf aufmerksam gemacht, dass es den Studenten während ihrer Vorstudien nicht erlaubt gewesen sei, Waffen (Degen) zu tragen. Erst danach war es ihnen erlaubt; sie durften (sollten) jedoch keinen Gebrauch davon machen! Viele Studenten taten dies heimlich trotzdem, außerhalb der Orte freilich und abseits der unmittelbaren Aufsichtsbereiche der damaligen Distrikte. Ein beliebter Ort für Duelle war offenbar sozusagen »hinterm Busch« bei Stotternheim. Hat auch Luther dort Degengefechte mit seinen Kommilitonen ausgetragen? Luther berichtet in der Tat, er habe sich mit seinem eigenen Degen verletzt und sei fast verblutet. Der aus dem Dorf herbeigerufene Arzt musste ihm helfen, sonst sei er »bei Maria«. »Oh hilf, Maria!«, habe er ausgerufen. Emme hat in seinen indizienartigen Forschungen und Beweisgängen geäußert, dies sei im Jahr 1503 (also 2 Jahre vor seinem Klostereintritt) gewesen, aber nicht Luther selbst, sondern sein Duellgegner, dessen Name auch genannt wird, habe ihn schwer verletzt. Wegen dieses Duells bereits habe Luther seine vornehme Studentenburse (Studentenwohnheim) »Himmelspforte« verlassen müssen und sei in die weniger vornehme »Georgsburse« übergewechselt. Der »Tatort« könnte auch hier schon Stotternheim gewesen sein.

1505, 2 Jahre später duellierte er sich wieder, so Emme, vor Stotternheim und zwar mit seinem Mitstudenten Hieronymus Buntz aus Windsheim, der das Magisterexamen mit ihm ablegte. Dieses Mal aber wurde nicht Luther, sondern sein Kommilitone getroffen und tödlich verletzt. Jetzt drohte Luther, der selbst schon Vorlesungen in den »Freien Künsten« hielt und gerade mit dem Hauptstudium begonnen hatte, der Abbruch seiner Studien, Gericht und Gefängnis. Luther eilte nach einer Überlieferung zu seinem Freund und Ratgeber, dem Stiftsvikar Braun in Eisenach (65 km eine Strecke); der wiederum kennt den Direktor Trutvetter von der Universität in Erfurt ... Als einziger Ausweg, so Emme, Gericht und Gefängnis zu entgehen, blieb der Klostereintritt. – Der Rest ist bekannt.

Nur ein Indizienbeweis (Emme). Immerhin eine irdischmenschliche Erklärung – und daher ja auch möglich, selbst bei dem künftigen Reformator! Ab Klostereintritt kann alles andere ebenso verlaufen sein – wie bisher bekannt, beginnend mit der Wiederentdeckung der Schrift als Evangelium für die Menschen usw. Der Ruf »Hilf, St. Anna, ich will ein Mönch werden« kann eine Überlieferungsverwechslung sein mit dem Ausruf von 1503, 2 Jahre vor dem Klostereintritt, »Oh Hilf, Maria!« (s. o.).

Trotzdem, es muss nicht alles immer erklärt werden; es lässt sich auch nicht alles erklären. Es gibt und muss auch überirdische Motive und Berufungen geben, siehe Mose, die Propheten, Paulus und viele andere Heilige, sie sind die Väter und Mütter des Glaubens.

IV. Rückbesinnung und christliche Verantwortung heute

Die jeweils zu entscheidenden Schritte, entnommen aus den ersten christlichen Gemeinden von damals

Wenn wir über christliche Verantwortung heute sprechen wollen, müssen wir uns naturgemäß zurückbesinnen, denn ohne Vergangenheit keine Gegenwart, ohne Gegenwart und Vergangenheit keine Zukunft. Zurück also zu den Anfängen. Die Kriterien christlicher Verantwortung heute sind im Grunde die gleichen wie damals, sie müssen nur in die heutige Situation versetzt und integriert werden. Was heißt das?

Vor ca. 1950 Jahren irrte einer in Kleinasien (heute Türkei) umher, von Stadt zu Stadt, von Landschaft zu Landschaft. Er wusste nicht mehr, wo seine Aufgabe war – trotz akribisch ausgearbeiteter Pläne.

Er landete schließlich bei Troas (Troja) am Ägäischen Meer in der Nähe der Dardanellen. Er hatte sich so intensiv mit seiner Lage befasst, dass sie ihn noch im Traum beschäftigte; und im Traum sah er nun am anderen Meeresufer, auf europäischer Seite (in Mazedonien!) einen Mann stehen – mit den Worten: Komm herüber und hilf uns! Der da gerufen wurde, war kein Geringerer als Paulus, auf den ich hiermit zurückkomme.

»Komm herüber und hilf uns!« Bei diesem Ruf erkannten Paulus und seine Mitarbeiter schnell wieder ihre neue Aufgabe, setzten über und gingen in die Städte Neapolis und Philippi. »Komm herüber und hilf uns, nicht mir!«, heißt es. Wer ist das? Der Hilferuf ergeht im Prinzip im Namen aller Mazedonier, Griechen, Römer, Germanen, Slaven = Europäer und viel später der

Amerikaner, der Kinder und Nachfahren Europas, für ferne und künftige Räume und Zeiten.

Mit diesem entscheidenden Schritt von Asien nach Europa wird Europa der christliche Kontinent, das christliche Abendland. Alle o. g. Europäer und Amerikaner sollen eben jetzt erfahren, was Juden längst vernommen haben: Gott liebt uns. Paulus sagt es im Römerbrief (des Neuen Testamentes) in etwas »juristischer« Sprache so: Der Prozess zwischen Gott und uns ist entschieden – zu unseren Gunsten. Wir waren angeklagt wegen unseres Fehlverhaltens – und sind freigesprochen. Dieser göttliche Rechtsunterschied, ein einziger, einzigartiger und unvorstellbarer Gnadenakt, hat allerlei Folgen und Auswirkungen für alle Zeiten. Alle Europäer sollen das wissen, erkennen und für sich in Anspruch nehmen.

1. Folge: Wenn Menschen gehört haben, dass sie so geliebt werden, besteht die Folge nun auch darin, dass sie ihrerseits Gott lieben dürfen und sollen und nicht mehr in ständiger Angst vor unbekannten Göttern leben müssen.

2. Folge: Wer Gott liebt, ist gleichzeitig in die Lage versetzt, seine Mitmenschen zu lieben. So wird im Abendland das entdeckt, was christliche Bruderschaft, christliche Schwesternschaft heißt.

3. Folge: Die dritte Folge ist ein absehbares Ende aller Sklaverei, auch wenn die Menschensklaverei noch nicht sofort abgeschafft ist. Jedenfalls wird das christliche Abendland die Wiege von Freiheit und Menschenrechten. Diese konnten nur vom christlichen Kontinent ausgehen. Heute lebt kaum mehr ein Volk auf Erden, in dem nicht die Sehnsucht erwacht wäre nach Menschenwürde, Freiheit, Toleranz und Demokratie.

4. Folge: Vom christlichen Abendland ging die Entdeckung der Welt aus. Und zwar der Welt als Ganzes. Es gibt eben nicht nur Volksstämme und Nationen, sondern Kontinente und Erd-

hälften, ja eine Erde, eine Welt als Ganzes, die »unteilbare Welt« (Wendell Wilkie). Und auf die Dauer kann weder ein einzelner, noch eine Nation leben, ohne Geduld zu haben und Rücksicht zu üben, ohne mit der Existenz der anderen zu rechnen. Angesichts dessen müssen alle »Vergeltungs«-Maßnahmen verstummen. Das alles kam nach dem nächtlichen Anruf von damals nach Europa und von da in alle Welt.

5. Folge: Die neue Botschaft hat uns Europäer weiter gelehrt, uns nicht abzufinden und nicht zufrieden zu geben mit der Welt, wie sie ist, sondern durch Fatum, Schicksal und Lebensohnmacht hindurchzustoßen – zu einer neuen, besseren, kommenden Welt. Nur angesichts solcher Hoffnung konnte die aktive welt- und todesüberwindende Haltung dem Hunger, der Armut, der Krankheit und dem Tod gegenüber entstehen. Diese »angreifende«, revolutionäre Kraft allem Leid gegenüber konnte nirgendwo anders zur Reife und Auswirkung kommen als in diesem unserem Erdteil, der früher als alle anderen Himmelsstriche der Erde so begnadet wurde.

Eine brennende Frage muss uns an dieser Stelle unbedingt beschäftigen: Sind denn nun nur und allein Lebenskräfte, Segenskräfte, Glaubens- und Liebeskräfte vom »christlichen Abendland« in die übrige Welt hinausgegangen? – Ist es nicht seltsam, dass in eben demselben »christlichen Abendland« (auch das konnte offenbar nirgends in solchem Ausmaß geschehen) eine Gottlosigkeit hat aufkommen können wie sonst auf der ganzen Erde nirgends? Kein primitives Heidentum ist derart gottlos wie das moderne europäische! Und in der Grundrechte-Charta der EU fehlen die entsprechenden Hinweise auf »Christentum« und »Gott«; stattdessen ist schwammig vom »geistig-religiösen und moralischen Erbe« die Rede. Doch längst zuvor ist aus dem abendländischen Neuheidentum, wie die Älteren unter uns noch zur Genüge wissen, ein offenes Antichristentum geworden, zuerst in der Theorie, dann in der Praxis. Hohe und niedere Schulen wurden weithin zu Pflanzstätten des Unglaubens und zu Orten des Abfalles. Es war Mode geworden und gehörte zum »guten Ton«, dass man an den Universitäten nicht Christ war.

Noch etwas gehört hierher: Während Paulus auf dem berühmten Apostelkonzil (wohl 49 in Jerusalem) sich weigerte, seinen Mitarbeiter, den Heidenchristen Titus zu beschneiden, hat er auf der Reise nach Europa »um der Juden willen« (er hätte sonst keine Synagoge irgendwo betreten dürfen) den judenstämmigen Timotheus beschnitten. Wie sehr lag Paulus am Heil auch der Juden! So ist die Beschneidung seines Mitarbeiters Timotheus ein weithin sichtbares Zeichen der Hoffnung für Israel gewesen. Und diese Beschneidung findet – wie gesagt – noch während der Überfahrt nach Europa statt! Hätten doch die abendländischen Christen die paulinische Treue zu den Juden besser beachtet und beherzigt! Wie manches wäre bis in unsere Tage hinein in der Geschichte Europas anders verlaufen.

Das betrifft übrigens auch die Kreuzzüge des Mittelalters. Selbst wenn man das Anliegen, die Heiligen Stätten vom Islam zu befreien, rechtfertigen würde oder rechtfertigen könnte: Das Blutbad an den Juden während der Kreuzzüge bleibt grausame Tatsache. Und noch im 20. Jahrhundert feiert in diesem sog. christlichen Abendland der Antisemitismus Orgien wie sonst nirgends auf der Welt, denen die sechs Millionen Juden zum Opfer fallen.

Die Krönung des abendländischen Abfalls war das Herrenmenschtum und die Kolonialherrschaft. Schließlich hat unser antichristliches Abendland bzw. abendländisches Antichristentum den 6.8.1945 herbeigeführt, die erste »christliche« Atombombe auf zwei heidnische Städte – mit allem, was bis heute daraus folgte. Albert Schweitzers Worte zur Atomenergie verhallten im Sand.

Aus dem Geschehen heraus wurde immer wieder ein Ruf zur Umkehr laut. Bis heute gibt es auch eine Menge von Zeichen der

Umkehr. Es begann etwa mit Robert Jungks »Die Zukunft hat schon begonnen« (letztes Kapitel: »Die Umkehr der Denker«), Rufe eines abendländischen Predigers in der Wüste. Es gab bis heute Schuldbekenntnisse und mancherlei Entschuldigungen für die Gräueltaten der Vergangenheit – aus Kirche und Ökumene, aus Politik, Wirtschaft und Gesellschaft. Auch Wiedergutmachungen in Form von Geld flossen bis zu den Zwangsarbeitern von damals.

Soweit erst einmal der Rückblick. Unsere eigene christliche Verantwortung für heute ersehen wir aus den Anfängen von damals. **Die Merkmale christlicher Verantwortung heute und für eine Welt von morgen, gewonnen aus den Lehren der Vergangenheit, stellen sich für mich so dar:**

1. Sozusagen generalstabsmäßig, so dünkt es uns, hatte sich Paulus seine großen Pläne zurechtgelegt. Schnell (denn die Zeit bis zum Ende der Zeiten, so meinte er, drängte ihn mit großer Brisanz!) wollte er am liebsten die ganze heutige Türkei (Kleinasien) zum Christentum bekehren. Zweimal wurden seine Pläne durchkreuzt: »Der heilige Geist« bzw. der »Geist Jesu« (Apostelgesch. 16,6–8) ließ es nicht zu. So hatte er in Troas jenen Traum, von dem zu Beginn die Rede war.
Was heißt das für uns heute? Eine anders gepolte Regie hat das Sagen. Es weht ein anderer Wind, ein neuer Geist zieht ein. Menschliche Pläne werden durchkreuzt. Es gibt noch andere Pläne; da hineinzureden vermag kein Mensch. Man darf die Rechnung nicht ohne den Wirt machen. Man muss sich korrigieren lassen, mitunter gegen alle menschliche Einsicht und Vernunft.

2. Nach dem Sprung nach Europa strebte Paulus stets in die großen Handelsstädte. In Philippi z. B. mit zahlreichen römischen

Legionärsfamilien war auch die römische Vorliebe für Purpurfarbe anzutreffen. Hier stand ein Modekaufhaus, das von einer eingewanderten Geschäftsfrau betrieben wurde und das nicht schlecht lief. Aber: Kein Jude, keine Synagoge war offenbar da. Die Männer waren beim Kaiser, sie waren im Krieg! Lediglich ein paar Frauen traf man am Fluss, sonst nichts. Einer wurde das Herz aufgetan: der Purpurkrämerin Lydia von Tyatira. Sie ließ sich sogar taufen – mit ihrem ganzen Hause. Das war alles! Alles? – Was bedeutet das?
Echte christliche Plan-Verwirklichungen geschehen nicht in lauten Revolutionen, sondern gleichsam »auf leisen Füßen«. Schmal und verborgen öffnet sich das erste Türchen in der Festung Europa. Friedrich Nietzsche sagt in seinem Zarathustra: »Die stillsten Worte sind es, welche den Sturm bringen. Gedanken, die auf Taubenfüßen kommen, lenken die Welt.« Und – es gibt einen im Menschen ansprechenden Ort für Gott: das Herz! Und: die erste Christin in Europa gründet in ihrem Haus und mit ihrer Familie eine gastfreie Gemeinde. Ein polnisches Sprichwort sagt: »Wenn Gast kommt, Gott kommt!«

3. Der Traum vom hilflosen Mann am europäischen Ufer ist gewiss ein starkes Bild. Doch nicht ein starker Mann, eine Persönlichkeit aus der ersten Schicht steht am Anfang, sondern ein Hilfloser, der für sich und seine Landsleute spricht. Ihre Not ist groß, so groß, dass sie einem anderen Menschen, Paulus, im Traum zu Herzen geht.
Was heißt das? Für unsere christliche Verantwortung heute heißt das: Die Not anderer muss uns wieder so groß werden, dass sie uns noch in der Nacht und bis in die Nacht anrührt, d. h. bis in den Traum verfolgt, also Tag und Nacht nicht loslässt. Daraus entsteht dann auch ein neuer Kampf und Antrieb für Gerechtigkeit, Leben, Liebe, Frieden.

4. In der Apostelgeschichte des Lukas über die Anfänge des urchristlichen Zeitalters und speziell an der Geschichte der Lydia wird die Offenheit und Vernünftigkeit der ältesten christlichen Gemeinden deutlich. Sie bilden nicht religiöse Zirkel nach Art der vielen religiösen Vereine der Antike, auch sind sie nicht geheimnisumwitterte Mysterienkulte, sondern in der ihnen eigenen Logistik und mit ihrem gesunden Menschenverstand beginnen sie offen und offiziell, die bestehenden Häuser, Dörfer, Städte, Gebiete mit neuem Leben zu erfüllen. Diese Vernünftigkeit neu zu erkennen, wäre Aufgabe christlicher Verantwortung heute.

Vernünftige Verantwortung im Alltag, die kann Paulus in Römer 12,1 als »Gottesdienst« beschreiben. Das gesamte Leben wird als Gottesdienst angesehen. Dabei geht es um die ganze Fülle und Weite des menschlichen Lebens, in dem dieser Gottesdienst im Alltag des menschlichen Tuns zu verrichten ist. Dies bezeichnet Paulus als »vernünftigen Gottesdienst« (vernünftig – aus der Stoa stammend).

Exkurs:

»Das sei euer vernünftiger Gottesdienst« (nach einer Vorlesung b. M. Mezger, Mainz, 1960/61).
Der Vers, in dem das berühmte Wort des Paulus vom »vernünftigen Gottesdienst« steht, lautet: »Ich ermahne euch nun, Brüder, durch die Barmherzigkeit Gottes, eure Leiber darzubringen als lebendiges, heiliges, Gott wohlgefälliges Opfer: euren vernünftigen Gottesdienst« (Röm.12,1). Erbarmen Gottes heißt, dass Leistung, Anspruch und Verdienst des Menschen nichts zu melden haben, weil Gott ganz frei gibt, wie es nur die Liebe tut und wie es allein der Glaube versteht. Darauf müsste also alles zulau-

fen, dass Gottes Tat in Christus das richtige Echo bei uns findet. Deshalb sollten wir uns zu Beginn folgendes klarmachen:

1. Gerade in unserem Gottesdienst leben wir radikal und total von Gottes Erbarmen.

2. In der Christenheit, wo der Gottesdienst ein »Opfer« heißt, schulden wir Gott weder Riten noch Kult, weder Feierliches noch Geheimnisvolles, sondern einfach und vorbehaltlos uns selber. Denn weder gibt es heilige Sachen, noch heilige Orte.

3. Das Wort »Gottesdienst« ist auseinander zu schreiben: Gottes Dienst für uns!

Bei dem Gottesdienst, den Paulus meint, geht es weder um Genießen, noch um stimmungsvolle Feiern, sondern um Gottes Willen (Röm. 12,2). Das heißt, es handelt sich um recht greifbare Dinge: um Gehorsam, um »ja« und »nein« im Alltag, um gewisse Wege, die gut und zu gehen sind, und um gewisse Wege, die böse und zu meiden sind. Demnach kann es beim Gottesdienst nicht darum gehen, dass wir uns dem Orden der ewigen Litanei und Psalmenbeterei verschreiben. Sondern wir müssen das weitaus Schwerere, weil Einfachere tun: für den lieben, bösen Mit-Menschen da sein, wie Jesus für ihn da war. Denn dieser Mitmensch ist in die Barmherzigkeit Gottes eingeschlossen wie du und ich. Deshalb kann die Parole nicht heißen: »Mehr Gottesdienste«, sondern »mehr vernünftiger Gottesdienst«! Gegenstand des vernünftigen Gottesdienstes ist Gottes geliebter Mensch. Da wird die richtige Liturgie gefeiert: in der Familie, in den Büros, im Seminar. Hier ist noch der Schauplatz vernünftigen Gottesdienstes: weder kultisch noch symbolisch, magisch oder bildlich, sondern realistisch, von Mensch zu Mensch, von Gemeindemitglied zu Gemeindemitglied.

Bei diesen Ausführungen kann es freilich nicht darum gehen, die geordnete Gemeindeversammlung einfach abzulehnen, das »Gotteshaus«, an dem wir uns freuen dürfen, zu verwerfen, mit seinem Gesang, seinem Schmuck, seinem sprechenden Bild. Bei alledem müsste uns nur gegenwärtig bleiben, dass Gottesdienst Gottes Dienst für uns ist, dass wir den brauchen, dass aber er den unseren um seinetwillen bestimmt nicht nötig hat. Unser Dienst für ihn besteht lediglich darin, ihm für den seinigen, in Jesus Christus geschehenen zu danken. Um aber Gott für seinen Dienst zu danken, bedarf es eigentlich nicht vieler Umstände, feierlicher Formen und umständlichen Zeremoniells. Macht ein Kind, das dem Vater dankbar sein will, auch viele Umstände? Will der gottesdienstliche Dank mehr sein?

Doch die Christenheit ist nun einmal – genau wie Israel – stets bereit, an der richtigen Stelle im gottesdienstlich-formalen Eifer zuviel zu tun. Das andere, das wir tatsächlich tun sollen, fällt uns zu schwer, ist aber sehr einfach: ganz schlichten Gehorsam leisten, Jesus hören, Menschen rufen und taufen, zum Tisch des Herrn kommen, ohne bombastisches Zeremoniell, ihm danken und alles in allem dies im Alltag praktizieren als »vernünftigen Gottesdienst«.

Kult ist schon immer angenehmer gewesen als Glaube. Man habe also auch gern seinen Kult, aber getan ist damit nichts. Manfred Mezger, Professor für Praktische Theologie in Mainz, drückte es einmal so aus: »Man hat Jesus nicht, wenn man feiert, sondern wenn man glaubt. Jesus hat uns bekanntlich sein Wort hinterlassen und nicht sein Bild. Und da Jesus das Einfache geliebt hat, werden wir gut tun, mit unserem Gottesdienst in seiner Nähe zu bleiben.«

In den sittlichen Ermahnungen, die der Apostel den Gemeinden gibt, bezieht sich Paulus wiederholt ebenfalls auf einen Begriff der Stoa: das Gewissen. Verantwortlich denkende Menschen werden die Stimme des prüfenden Gewissens nicht überhören. Diese Urteilsfähigkeit setzt er – als allen Menschen eigen – voraus. Doch auch ohne dass der Mensch es zu steuern oder zum Schweigen zu bringen imstande wäre, meldet sich das Gewissen zu Wort, indem es vor allem zu kritischer Überlegung anhält und schuldhaftes Verhalten anklagend benennt. Ein abschließendes Urteil kann das Gewissen selbst nach Paulus jedoch nicht fällen. Der richtende und freisprechende Entscheid steht allein dem (wie Paulus sagt) »Kyrios« (dem Herrn = Christus) zu. Trotzdem ist jeder Mensch bei vernünftiger Überlegung imstande, prüfend eine angemessene Unterscheidung zwischen Gut und Böse zu leisten. Das zu betonen, wird der Apostel nicht müde. Und wenngleich das Gewissen, auch das der Christen, irren und sich täuschen kann, so verdient doch in jedem Fall sein Urteil Gehör, »um alles zu prüfen und das Gute zu behalten«.

Quellennachweis

Zum Artikel »Rückbesinnung und christliche Verantwortung heute«: Walther Lüthi: »Die Apostelgeschichte«, 1960; Basel

Exkurs: aus einer Vorlesung von Prof. Dr. Manfred Mezger, Mainz, 1960

V. Entscheidungs-Wege im Christentum
Beispiele von Einzelentscheidungen

1. Johann Friedrich Oberlin – ein Lebensbild

»Verlöbnis mit Gott«

Johann Friedrich Oberlin (1740–1826), der »Gärtner Gottes« im Steintal/Elsass, fasste 1760 mit 20 Jahren ein sogenanntes »Verlöbnis mit Gott« ab, das er 10 Jahre später noch einmal erneuerte.

Fritz tritt aus der Haustür und bleibt in seiner Empörung wie angewurzelt stehen. Ein Polizist hatte einen verlumpten, zudem verkrüppelten Bettler festgenommen. Der Junge sieht in dem Festgenommenen lediglich einen Hilflosen und Unglücklichen; mit einem Satz ist er an seiner Seite: »Wie kommen Sie dazu, diesen armen Mann festzunehmen?« Der Gesetzeshüter will Fritz ebenfalls mit zur Wache nehmen. Durch Einspruch eines Nachbarn wird daraus zum Glück nichts.

Das berichtete Erlebnis wirft ein charakteristisches Licht auf den späteren Pfarrer im Steintal, der in jener abgelegenen Gegend des Elsass als »Original der Nächstenliebe« wirkte.

Johann Friedrich Oberlin wurde am 31.8.1740 in Straßburg/Elsass geboren. Die Ahnen Oberlins hatten einst in Colmar gewohnt. Zu Beginn des 17. Jahrhunderts hatte Kaiser Ferdinand II. seinen Bruder Leopold beauftragt, die Protestanten aus der Stadt zu vertreiben. »Wer sich zum evangelischen Glauben bekennt, unterliegt hohen Geldstrafen, von sonstigen Unannehmlichkeiten ganz zu schweigen. Doch bleibt es ihm unbenommen, sich anderswo aufhängen zu lassen.« So verlor Colmar viele seiner tüchtigsten

Bürger. Dabei wandten sich die Reformierten nach Basel und Mühlhausen, die Lutheraner meist nach Straßburg, wo man die Glaubensgenossen gern aufnahm. Unter ihnen befand ich auch ein Oberlin, der Ahne der Familie.

Der Vater Oberlins, Johann Georg Oberlin, hatte sich vom Handwerkersohn zum Lehrer am protestantischen Gymnasium in Straßburg hinauf gearbeitet. Seine Mutter, Maria Magdalena, geb. Feltz, war die Tochter des Pfarrers Feltz in St. Aurelien und unvergesslichen Mitgliedes im Straßburger Rat. Oberlin hatte acht Geschwister, zwei Schwestern und sechs Brüder. Mit seinem Bruder Jeremias Jakob (geb. 1735, gest. 1806), mit dem zusammen er auch das Gymnasium des Vaters besuchte, fühlte er sich besonders verbunden. Jeremias Oberlin wurde später bekannt als Philologe (Ausgaben von Ovid, Horaz, Tacitus) und als Germanist (Herausgabe und Ergänzung des »Glossarium« von Scherz).

Strenge Zucht, aber auch frohe Genügsamkeit und schlichte Frömmigkeit kennzeichnen den Geist des elterlichen Hauses. Mit 15 Jahren begann Oberlin – nach Abschluss der Reifeprüfung – aus eigenem Antrieb das Studium der Theologie. Dabei ergriffen ihn mächtig die Predigten von D. Siegmund Friedrich Lorenz, der – nicht ohne Angriffe von links und von rechts – strenge Orthodoxie mit eifrigem Drängen auf persönliche Heilsaneignung verband. Ein ganz in pietistischem Geist abgefasstes Schriftstück ist sein »Verlöbnis mit Gott« vom 1. Januar 1760, das er 10 Jahre später noch einmal erneuerte; und als Achtzigjähriger schreibt er mit Datum den Stoßseufzer an den Rand: »Ja, Herr, erbarm dich meiner!« Hier seien wenigstens einige Sätze dieses mehrere Seiten umfassenden Vermächtnisses als Auszug wiedergegeben.

»Ewiger unendlich heiliger Gott! Mich verlangt sehnlich, vor Dir erscheinen zu dürfen, im Gefühl der tiefsten Demut und mit zerknirschtem Herzen. Ich weiß es wohl, ein Erdenwurm wie ich es bin, ist unwürdig, vor den König aller Könige, vor den Herrn aller

Herren zu treten; vorzüglich bei einem Anlasse wie dieser, um einen Bund mit Dir zu schließen ... Ich bin nunmehr von Deinen Rechten auf mich überzeugt und wünsche nichts sehnlicher, als Dir anzugehören. Heiliger Gott, heute übergebe ich mich Dir auf das Feierlichste. Hört, ihr Himmel, Erde, nimm es zu Ohren: Heute bekenne ich, dass der Herr mein Gott ist. Vernimm meine Worte, o Gott, und schreibe in Dein Buch, dass ich hinfür ganz Dein sein will. Im Namen des Herrn der Heerscharen entsage ich heute allen Herren, die früherhin mich beherrscht haben, den Freuden der Welt, denen ich mich überlassen hatte, den Begierden des Fleisches, die in mir lagen. Ich entsage allem Vergänglichen, damit mein Gott mein Alles sei. Dir weihe ich alles, was ich bin und habe, die Kräfte meiner Seele, die Glieder meines Körpers, mein Vermögen, meine Zeit ... Dein Wille, nicht der meinige geschehe; gebrauche mich, Herr, als ein zu Deinem Dienste bestimmtes Werkzeug ... Verleihe mir die Gnade, mit aller Aufrichtigkeit des Herzens in diesen Bund einzutreten und die Weihe zu bewahren, womit ich bei meiner Taufe geweiht worden bin. Der Name des Herrn sei mir zum ewigen Zeugnis, dass ich ihm dieses Gelübde unterzeichnet habe, mit dem festen, treuen Willen, es zu halten. Straßburg, den 1. Januar 1760. Johann Friedrich Oberlin. Erneuert zu Waldersbach, den 1. Januar 1770.«

Bereits 1758 wurde Oberlin Bakkalaureus (im Mittelalter unterster akademischer Titel) der Theologie. Während und nach seinem Universitäts-Studium füllte er seine freie Zeit mit Privatunterricht aus. 1762 wurde er Hofmeister der Kinder des angesehenen Chirurgen Ziegenhagen. In dieser Stellung erwarb er sich nicht nur eine Menge praktischer Kenntnisse, sondern auch die feinen französischen Umgangsformen, die er – trotz der späteren Abgeschiedenheit im Steintal – bis zu seinem Lebensende bewahrte. In sehnsüchtiger Erwartung einer Anstellung privatisierte er danach noch einmal zwei Jahre.

Schon hatte er in einen Ruf als Militärpfarrer des Regiments »Royal-Alsace« eingewilligt, als sein Vorgänger im Steintal, Johann Georg Stuber, ihn in seiner armseligen Mansarde in Straßburg aufsuchte. Die Dachkammer hatte Oberlin gemietet, um sich ungestört seinen Studien widmen zu können. Stuber berichtete Oberlin, wie er schon einmal aus Gesundheitsgründen das raue Steintal verlassen hätte, nun aber endgültig die dortigen Gemeinden aufgeben müsse. Stuber wollte sich erst am darauffolgenden Tag das Jawort Oberlins als sein Nachfolger im Steintal holen. Doch Oberlin fragte langsam und wog dabei jedes Wort: »Warum erst morgen?«

Im Gebet rangen sie um Gottes Erleuchtung. Der Pfarrer von Waldersbach kniete auf dem Boden der Mansarde und Oberlin verbarg sein Haupt in den Kissen. Unter Tränen erflehte er von Gott Licht und Gnade. In heiligem Schweigen vernahmen sie Gottes Stimme. Als sie sich erhoben, reichten sie sich die Hände. Der neue Pfarrer des Steintals war gefunden.

Steintal (franz. »Ban-de-la-Roche«) heißt ein acht Ortschaften umfassender Gebirgsstrich an der Grenze von Elsass und Lothringen, im hinteren Breuschtal, auf den nordwestlichen Abhängen des Hochfeldes. Es hat seinen Namen von Schloss Stein, dessen Ruinen über Bellefosse liegen. Das Schloss wurde 1471 von Straßburger Bürgern zerstört, das Gebiet kam 1574 durch Kauf an das Haus Pfalz-Veldenz. 1762 wurde das Steintal zur Grafschaft erhoben und dem königlichen Prätor von Straßburg, Herrn Voyer d'Argenson, verliehen. Seit der Französischen Revolution gehörte es zum Department des Vosges, seit 1871 zum Kreise Molsheim/Unterelsass.

Das Klima dieses Hochtals ist rau, der Ackerbau auf dem zerklüfteten, felsigen Boden kärglich genug. Trotz seiner Abgeschiedenheit wurde das Steintal vom 30jährigen Krieg nicht verschont. Seine Bevölkerung starb damals fast völlig aus. Die späteren Bewohner stammten von Deutschen, Franzosen, Schweizern und

Italienern ab. Die Reformation wurde früh eingeführt. Bis 1685 bildete das ganze Tal eine Gemeinde, deren Pfarrer in Rothau wohnte. Dann wurde Waldersbach mit den Filialen Fouday, Zollbach, Belmont und Bellefosse zur Pfarrei erhoben. Nachdem das Steintal durch königliche Verordnung dem Straßburger Kirchenkonvent unterstellt wurde, kamen die meisten Straßburger Pfarramtskandidaten nur dorthin, um so rasch wie möglich die »Strafkolonie« wieder zu verlassen. Anderen wurde die Pfarrstelle als Strafposten zugewiesen.

Mit Johann Georg Stuber trat 1750 im Steintal zum ersten Mal ein Mann auf, der für geistliche und leibliche Not der Diasporagemeinden dort ein Herz hatte. Er versuchte zunächst durch grundlegende Erneuerung des Gottesdienstes, Heil und Wohl dieses armen Bergvolkes zu heben. Als 1754 seine junge Frau dem unwirtlichen Klima zum Opfer gefallen war, nahm Stuber jenseits des Hochtals, in dem am Fuße der Vogesen gelegenen wohlhabenden Ort Barr eine Pfarrstelle an. Als jedoch sein Nachfolger im Steintal abgesetzt werden musste, kehrte er 1760 unter Freudentränen der Steintaler in das baufällige Pfarrhaus nach Waldersbach zurück, um die unterbrochene Arbeit fröhlich fortzusetzen.

Er gründete Winterschulen für die Erwachsene, legte eine Gabe von 500 Gulden als Grundstock für einen Schulfonds zur Belohnung von pflichtbewussten Lehrern fest und sorgte für die Verbreitung der Bibel. Sogar für die Verbesserung der ökonomischen Lage der Steintaler wurde der Anfang gemacht durch Einführung einer neuen Futterpflanze. Schließlich aber konnte Stuber nicht länger dem Drängen seiner Straßburger Freunde widerstehen und nahm 1767 eine Stelle an der Thomaskirche an. Allerdings blieb er in direkter Verbindung mit seinen Steintaler Gemeinden, in deren Mitte er jährlich einige Wochen weilte. In Straßburg, wo Stuber später mit seinen Kollegen in schwere kirchliche Konflikte geriet, war er zunächst lange Zeit die Seele des Freundeskreises, der Oberlin mit finanziellen Unterstützungen kräftig an die Hand ging.

Vor seinem Weggang aus dem Steintal hatte er sich in der Person Oberlins eines gleichgesinnten Nachfolgers vergewissert. Am 1. April 1767 unterzeichnete Herr Voyer d'Argenson die Ernennungsurkunde Oberlins zum Pfarrer in Waldersbach. Nachdem Oberlin am 12. Juni den akademischen Grad eines Magisters erworben hatte, trat der neue Pfarrer des Steintals sein Amt an.

Wie in eine unentrinnbare Wildnis versetzt, so mochte sich der an städtische Verhältnisse gewöhnte Oberlin anfänglich vorkommen. Die ärmliche Lebensart der Bewohner und ihr niedriger Bildungsstand unterstrichen diesen Eindruck. Infolge einer Reihe von Missernten war das Elend in den ersten Monaten viel schlimmer, als es sich Oberlin vorgestellt hatte. Ein Attentat, das junge Waldersbacher Hirten an einem katholischen Jungen zu verüben suchten und über das Oberlin an den Gutsherrn zu berichten hatte, wirft ein Licht auf die herrschende Sittenrohheit.

Oberlin setze die von seinem Vorgänger begonnene Arbeit mit aller Energie, Hingabefreudigkeit und einem Sinn für praktische Notwendigkeiten fort. Stuber voraus hatte er neben seiner imponierenden, Autorität ausstrahlenden Erscheinung vor allem auch eine eiserne Gesundheit, eine Willensstärke, die fast an Starrsinn grenzte, und die eine religiöse Begeisterung, die gegen Schwärmerei manchmal nicht gefeit war.

So war Stuber im Anfang nicht immer ganz zufrieden mit seinem Nachfolger, an dem er jedoch im Übrigen mit väterlicher Liebe hing. Er tadelte seinen Feuereifer, der die Leute mit der Peitsche in den Himmel treiben wolle, seine Ungeduld, seine zu stark hervortretende Aktivität für das materielle Wohl seiner Gemeinde! »Am besten ist, wir sorgen nur direkt für ihre Seelen. Werden sie Christen, so werden sie von selbst etwas vernünftiger, tätiger und vorsichtiger.« Auch durch gute Werke könne man vom Christentum abkommen.

Oberlin seinerseits klagte über Konflikte mit seinen Pfarrkindern. Vor allem ging es ihnen zu Anfang einfach nicht an, dass der neue Pfarrer sich in gleicher Weise um Heil und Wohl seiner Gemeindeglieder kümmern wollte. Er soll seine Predigten halten ...! Aber bald treten bei Oberlin Kopf und Herz, Frömmigkeit und Humanität, Strenge und Nachsicht in das richtige Verhältnis und seine Straßburger Freunde konnten mit wachsendem Zutrauen, schließlich mit großer Bewunderung seine Unternehmungen durchführen helfen. Ein Jahr nach seiner Ankunft im Steintal heiratet Oberlin die aus seinem Verwandtenkreis stammende Maria Salomea Witter, Tochter eines Straßburger Professors.

Zu Beginn seiner Wirkenszeit im Steintal setzte Oberlin wie Stuber zunächst einen Schwerpunkt auf dem Gebiet des Unterrichts. Dabei muss man sich vorstellen, dass in den meisten Gemeinden seiner Pfarre der Reihe nach noch in den niedrigen Bauernstuben Schule gehalten worden ist. Durch die Hilfe einer Straßburger Spenderin wurde am 31.5.1769 der Grundstein einer Schule in Waldersbach gelegt. Das gleiche gelang ihm 1772 in Bellefosse und 1774 in Belmont. Die Schule in Zollbach baute einer der wenigen Vermögenden im Steintal, Martin Bernard. Oberlin bemühte sich um junge Lehrkräfte und zeichnete ihnen präzise Lehrplan und Lehrmethode vor. Für die noch nicht schulpflichtigen Kinder und zur Beschäftigung der Mädchen in der schulfreien Zeit mietete er in den einzelnen Gemeinden geräumige Lokale (poeles a tricoter, Strickstuben) und stellte junge Mädchen als Kinderpflegerinnen und Arbeitslehrerinnen (conductrices) an (1770).

Das war der Anfang der Kindergartenarbeit. Die ersten Mitarbeiterinnen waren Sarah Banzet (gest. 1774), Katharina Scheidecker und Katharina Gagniere. Die auf diese Weise erstmals errichteten Kindergärten (»Kinderbewahranstalten«) fanden durch Oberlin-Vereine in der ganzen Welt Verbreitung. Nach dem frühen Tod seiner Frau wurden die Kindergärten des Steintals maßgeblich durch Oberlins Pfarrmagd Luise Scheppler (geb. am 4.11.1763, gest. am 25.7.1837) betreut, die aus Bellefosse stammte und bereits als 15jähriges Mädchen in Oberlins Dienste trat.

Mit der gleichen Aktivität suchte Oberlin anderen Missständen in den Gemeinden zu begegnen. So ging er zum Beispiel selber mit Hacke und Spaten vor das Dorf und begann mit der Anlage einer Straße zur Verbindung von Waldersbach und Rothau, bis sein beispielhafter Einsatz andere überzeugte und mitriss. Ebenso ließ er eine Brücke über die Breusch bauen. Durch sein eigenes Vorbild und die Gründung eines landwirtschaftlichen Vereins zur Beratung der Bauern für zeitgemäße Bearbeitung ihres Bodens sorgte Oberlin für besseres Saatgut (z. T. aus Riga) und Futterpflanzen sowie geeignetes Zuchtvieh. Es gelang ihm z. B., eine gute Kartoffelsorte einzuführen; nach 20 Jahren ist die »gute Steintäler« auf dem Markt in Straßburg begehrt und wird wagenweise aus jenem Tal gebracht, das einst keine Straßen hatte und seinen eigenen Bedarf nicht decken konnte. Auf eigene Kosten ließ Oberlin tüchtige junge Leute seiner Gemeinde auswärts ein Handwerk erlernen. Er gründete Warenlager, landwirtschaftliche Vereine mit Preisverteilungen und eine Spar- und Darlehenskasse (Vorläufer unserer Sparkassen).

In bewundernswerter Weise verstand er es, Mittel zu beschaffen, Schwierigkeiten zu besiegen, Zögernde zu gewinnen und Freunde zu begeistern. Sein Wahlspruch war: »Rien sans Dieu, tout au Sauveur!« (Nichts ohne Gott, alles für den Erlöser.) In allem, was das Gute mehrt und den Missstand mindert, wäre es auch die geringste ökonomische Reform, sah Oberlin einen Jesus geleisteten Dienst. Den materiellen Fortschritt machte er seinen Leuten zur Christenaufgabe, wie er umgekehrt von seinen Mitarbeitern auf sozialem Gebiet treue Erfüllung der Christenpflichten forderte.

Auf Oberlins Veranlassung errichtete ein Herr Reber aus Markirch eine Baumwollspinnerei in Waldersbach. Als diese der Konkurrenz einer Schirmecker Fabrik unterlag, gelang es ihm 1813, Herrn J. L. Legrand aus Basel zu bewegen, seine Florettseidebandfabrik nach Fouday zu verlegen. So eröffnete Oberlin durch den Aufbau einer Industrie neue Erwerbsquellen für sein Steintal. Doch nicht nur das. Legrand beispielsweise wurde gleichzeitig ein aktiver Mitarbeiter in der Pfarrgemeinde und der Ahnherr einer ganzen Reihe christlicher Industrieller im Steintal. Unter solchen neugeschaffenen Voraussetzungen verdoppelte sich rasch die Bevölkerung dieser rauen Hochlandschaft, ja in wenigen Jahren hatte sich der Charakter des Tales völlig verändert.

Nicht geringere Anstrengungen machte der »Gärtner Gottes im Steintal« auf dem Gebiet der Seelsorge. Von seinen mit großer Herzlichkeit und Einfachheit gehaltenen Predigten liegen zahllose Manuskripte vor. Gebetskontakt mit Gott, tätige Liebe, Vertrauen auf Gottes Führung und Streben nach Heiligung sind ihre Grundzüge. Auf die Alleinwirksamkeit der göttlichen Gnade wie auf die Notwendigkeit eines freien Entschlusses legte er größten Wert. An drei Sonntagen pflegte er in französischer Sprache zu predigen, am vierten Sonntag fand den in Belmont angesiedelten Schweizern zuliebe der dortige Gottesdienst in deutscher Sprache statt. Jeder einzelne war nach der Ordnung des Kirchenbuches Gegenstand seiner Fürbitte. Auf die Zöglinge, die er in seinem Heim aufnahm, übte er den gesegnetsten Einfluss aus. Von seinen eigenen geringen Einkünften opferte er drei Zehnten, einen für die Ausschmückung des Gottesdienstes, einen für gemeinnützige Zwecke, den dritten für die Armen. Als er von den Bestrebungen der Basler Mission hörte, verkaufte er sein Silberzeug (mit Ausnahme eines Löffels!) und schickte den Ertrag an das Missionskomitee. Auch trat er als erster Geistlicher auf dem Kontinent mit der Londoner Bibelgesellschaft in Verbindung.

Bei seinem genialen Unternehmungsgeist ist es kaum zu verwundern, dass er auch Fehlgriffe tat. 1781 gründete er – durch Zinzendorfs Leben inspiriert – eine Societe chretienne, deren Mitglieder sich verpflichteten, nach vollkommener Heiligung zu streben. Doch hatte er die Einsicht und Freiheit, die Gesellschaft nach zwei Jahren auch wieder aufzulösen. Er ließ ohne Bedenken Reformierte und Katholiken zu seinem Abendmahl zu. Bekannt ist, wie einmal die katholische Taufe eines Kindes aus einer Mischehe unter seinem Schutz vollzogen wurde. Er nannte sich gern katholisch-evangelischer Pfarrer.

Einen eigentümlichen Einblick in die Gedankenwelt Oberlins gewinnt man aus einem Büchlein, in das er alle Bücher einzutragen pflegte, die er gelesen hatte, wobei er kurze Notizen über den beim Lesen empfangenen Eindruck festhielt. Aus dem besagten Heft ergibt sich, dass er ungemein viel las. Von 1766 bis 1780 sind allein 538 Werke aufgezeichnet. Zu einer Schrift des bekannten schwedischen Naturphilosophen und Visionärs Emanuel Swedenborg (1688–1772) machte er folgende Randbemerkung: »Lob, Preis und Dank dem lieben himmlischen Vater für die Offenbarung, die er seinem armen Kinde in diesem schätzbaren Buche mitgeteilt hat.« Rousseaus Erziehungsroman »Emile« nennt er ein ganz vortreffliches Buch. Besonders aber dankt er immer wieder, dass Gott ihm alle diese Bücher erst zukommen ließ, »nachdem er ihn durch schwere Führungen und mancherlei Erfahrungen gedemütigt und die Nichtigkeit der philosophischen Metaphysik hatte einsehen lehren.«

Alles interessiert ihn, die Landwirtschaft, Literatur, Pädagogik und Theologie. Bei Johann Kaspar Lavater (Zürcher Philosoph und Theologe, Anhänger des »Sturm und Drang«, Vertreter pietistischer Anschauungen gegen Rationalismus und Aufklärung, 1741–1801) und Jung-Stilling (eigentlich Johann Heinrich Jung; deutscher Gelehrter, berühmter Augenarzt, pietistischer Schriftsteller und Autodidakt, 1740–1817: besuchte Oberlin 1812 persönlich im Steintal!) interessieren ihn am meisten die Ausblicke in die Ewigkeit.

Aufgrund von Joh. 14,2, der Offenbarung des Johannes und einer allegorischen Erklärung der Topographie Jerusalems zeichnete er Himmelskarten, die er in der Kirche aufhängen ließ. Oberlin glaubte an eine stufenweise Heiligung in einem Zwischenzustand nach dem Tode, währenddessen die Verstorbenen noch Beziehungen zur Erde und ihren früheren Lebensverhältnissen haben.

Für diesen Glauben berief sich Oberlin nicht nur auf Erzählungen seiner Gemeindeglieder, sondern vor allem auch auf eigene Erlebnisse: Seine Frau erschien ihm nach ihrem Tode im Ganzen neun Mal. In Träumen empfing er göttliche Mitteilungen über seinen Seelenzustand, über bevorstehende Ereignisse und über Lage und Lebensweise von Verstorbenen im Jenseits. Die Lehre von der ewigen Verdammnis verwarf er. Eine Karfreitagspredigt über dieses Thema aus dem Jahre 1780 veranlasste sogar den Gutsherrn, Oberlin beim Kollegium der Oberkirchenpfleger in Straßburg zu verklagen. Charakteristisch ist endlich noch das Vertrauen Oberlins in das Los.

Eine unrühmliche und dramatische Episode für das Steintal war mit dem Besuch des unglückseligen Dichters Reinhold Lenz verbunden. Lenz, ein Livländer, Freund Goethes aus dessen Straßburger Zeit, kam nach einer langen Odyssee am 20. Januar 1778 in traurigem Zustand nach Waldersbach. Er wurde gastfreundlich aufgenommen, erschreckte jedoch sehr bald seine Umgebung durch eine ganze Reihe von Selbstmordversuchen.

Eine schwere Heimsuchung bedeutete am 17. Januar 1783 der Tod von Frau Oberlin, acht Wochen nach Geburt des neunten Kindes. Mutterpflicht an den Zurückgebliebenen und Pfarrfrauenpflicht an der Gemeinde erfüllte von da an die treue und selbstlose Pfarrmagd Oberlins, Luise Scheppler.

Bereits 1774 hatte Oberlin – durch Vermittlung des Seniors

Urlsperger aus Augsburg, der ihm 1773 für die Kirche in Fouday 10 Dukaten geschickt hatte – einen Ruf als Pfarrer nach Ebenezer in Nordamerika erhalten; Oberlin war gewillt, den Ruf anzunehmen, als der Krieg mit England ausbrach und sich infolgedessen die Sache zerschlug.

Wie die Großen seiner Zeit so begrüßte auch Oberlin selbst die Französische Revolution mit Begeisterung. In ihr sah er den geweissagten heiligen Stein, der das Reich des Antichristen, d. h. der Aristokratie und des Klerus zerschmettert. Die Ausrufung der Menschenrechte war für ihn der Beginn des Reiches Gottes; in den republikanischen Tugenden der Gemeinnützigkeit und Opferwilligkeit sah er die höchste irdische Verwirklichung des Christentums. Am 14.7.1790 versammelte er die ganze Gemeinde auf der Bär-Höhe um einen »Altar des Vaterlandes« zu einem großartigen Vaterlandsfest. Am 13.11.1791 segnete er die neuen Revolutionsräte zu ihrem Amt ein und legte ihnen eigenhändig die Schärpen um. Am 5.8.1792 hielt er einen Gottesdienst zu Ehren der Freiwilligen, die sich zum Krieg gegen Österreich einfanden. In der Predigt rief er ihnen zu: »Seid ein Licht für eure Kameraden! Möge man an euch die Wahrnehmung machen, dass in allen Lebenslagen es keine vortrefflicheren Menschen gibt als die, welche die Lehren des Evangeliums befolgen.« Unter den Steintäler Kriegsfreiwilligen befand sich auch sein ältester Sohn Friedrich Jeremias, der bereits am 27.8. vor Bergzabern verwundet wurde und am Tag darauf im Pfarrhaus von Weissenburg (heute Wissembourg/Unterelsass) starb.

Auf Befehl des Allgemeinen Sicherheitsausschusses legte Oberlin am 23.11.1793 sein Glaubensbekenntnis nieder, in dem er erklärte, er stimme völlig zu, dass man die leeren Zeremonien abschaffe und jedes seichte Dogma verbanne. Er kenne keinen anderen Beruf, als seine Mitbürger zu aufgeklärten Menschen und guten Patrioten zu machen. Er sei schon längst ein Gegner des Königtums und stimme den Gewaltmaßnahmen der Republik zu.

Auch unter den Gräueln der jakobinischen Schreckensherrschaft verleugnete er seine optimistische Beurteilung der Republik nicht. Als aber der Nationalkonvent den Gottesdienst und die kirchlichen Amtshandlungen verbot, wurde Oberlin krank! Später trug er die inzwischen geborenen Kinder in das Taufregister ein mit der Anmerkung, diese seien durch den »officier public« oder »greffier« (Gemeindeschreiber) getauft worden, weil es den Geistlichen damals verboten gewesen sei, Taufen vorzunehmen.

Die gottesdienstlichen Versammlungen wandelte er nun in Klubzusammenkünfte um. Die Schilderungen darüber, die angeblich auf dem Bericht eines Frankfurter Arztes beruhen, sind stark übertrieben. Lediglich die Erzählung von Fräulein O. von Berckheim, die damals als Gast im Steintal weilte, scheint zuverlässig zu sein. Danach wurde die Versammlung eingeläutet und mit einem Lied eröffnet. Dann wurden die jungen Leute über Menschenrechte und Bürgerpflichten belehrt, worauf Bürger Oberlin aufgefordert wurde, einen Vortrag zu halten. Dieser schloss mit einem Gebet! Nun verließen Frauen und Kinder die Kirche und der Reihe nach erhoben sich Klubmitglieder zu gemeinnützigen Belehrungen. Zuletzt wurden die neuesten politischen Ereignisse ausgetauscht. Das Abendmahl feierte Oberlin damals vielfach mit seiner Familie und den anwesenden Gästen zu Hause im Anschluss an die gewöhnliche Mahlzeit (Agape).

Trotz seiner Nachgiebigkeit gegenüber den Revolutionsgesetzen erregte Oberlin zuletzt doch noch den Verdacht der Behörden. Am 28.7.1794 musste er sich mit seinem Kollegen Böckel von Rothau nach Schlettstadt (heute Selestat) begeben, wo sie scharf verhört und sogar festgenommen wurden. Anlässlich dieses Spektakels mussten sich beide vom Pöbel viel gefallen lassen. Wenige Tage später kam die Nachricht vom Sturz Robespierres und der Spuk hatte endgültig aufgehört. Ungeheuren Mut zeigte Oberlin in jener Zeit, indem er Verbannte und Verfolgte schützte.

Als die Wellen der Revolution abzuebben begannen, kam für

Oberlin die Zeit, dass die Frucht seiner Arbeit weite Anerkennung fand. Bereits der Nationalkonvent stellte ihm ein Dankschreiben zu für seine Bemühungen um den Unterricht. Die kaiserlichen Behörden erwiesen ihm größte Höflichkeit. Der Präfekt Lezai-Marnesia schloss mit Oberlin einen innigen Freundschaftsbund. Das Steintal prozessierte seit Jahren um den Besitz eines Waldes. Am 17.6.1812 gelang es Oberlin, einen Vergleich zustande zu bringen, der für die Gemeinden sehr günstig war. Als die verbündeten Armeen in Frankreich eindrangen, erließ Kaiser Alexander einen Schutzbrief zugunsten Oberlins und seiner Gemeinden. 1818 belohnte ihn die Königliche Ackerbaugesellschaft mit einer goldenen Medaille. 1819 erhielt er das Kreuz der Ehrenlegion.

Auf weite Kreise der Bevölkerung gewann Oberlin Einfluss. In christlichen Gemeinschaften genoss er große Verehrung. Die jungen Leute, die er als Zöglinge in sein Haus aufnahm, die Gäste, die bei ihm einkehrten, beeindruckte er tief. Die Gemeinde hing an ihm mit kindlicher Ehrfurcht. Seine Söhne und Töchter wurden in seinem Geist tätig.

Aber noch waren seinem Glauben zwei schwere Proben vorbehalten: das Hungerjahr 1816–1817 und das Hinscheiden seines vierten hoffnungsvollen Sohnes Heinrich Gottfried Oberlin, der am 15.11.1817 als Opfer einer Rettungstat starb. Im Übrigen war ihm ein schöner Lebensabend beschert. Sein Geist blieb bis ins hohe Alter hinein frisch, sein Körper ungebeugt. Dann kam das Ende rasch. Am 28. Mai 1826 trat bei ihm plötzlich eine große Schwäche ein, die mit Herzkrämpfen verbunden war. Am 1. Juni starb er, die Augen zum Himmel gerichtet, im 86. Lebensjahr, im 59. Jahr seiner Amtstätigkeit. Unter ungeheurem Zulauf wurde Johann Friedrich Oberlin am 5. Juni 1862 im Schatten der Kirche von Fouday bestattet. Als die Glocken mit ihrem Sterbegeläut anhoben, war es, als hielte das ganze Steintal den Atem an. Man konnte noch nicht fassen, was geschehen war.

An seinem Grab wurde ein von ihm selbst verfasster Lebenslauf verlesen. Darin heißt es u. a.: »O möchtet ihr meinen Namen vergessen und nur den Namen Jesus Christus behalten, den ich euch gepredigt habe. Er ist der rechte Hirte, ich war nur sein geringster Diener.« Mit einem Anruf Gottes für seine Gemeinde schließt diese letzte Predigt des Verstorbenen an seinem Grab: »Erleuchte sie, führe, liebe und schütze sie und gib, dass alle, Große und Kleine, zu ihrer Zeit in deinem Paradies sich vereinen. Amen! O Gott! Vater, Sohn und Heiliger Geist, sprich mit uns: Amen! Amen!« – Bald nach seinem Heimgang richtete die Gemeinde an seinem Grab ein schlichtes Kreuz auf. Darauf steht lediglich: »Papa Oberlin«. Um den Stein aber, der sein Grab deckt, liest man die Worte: »Die Lehrer werden leuchten wie des Himmels Glanz und die, so viele zur Gerechtigkeit weisen, wie die Sterne immer und ewiglich.«

Der Segen Johann Friedrich Oberlins ruht bis heute auf den Gemeinden des Steintals. Seine Bemühungen, mit dem geistlichen Wohl auch das materielle zu fördern, wurden vorbildlich für die kirchlich-sozialen Bestrebungen unserer Zeit. Sein Wirken für das Kindergartenwesen fand zuerst in Schottland, dann in Frankreich, schließlich auch in Deutschland Nachahmung.

Im Staat Ohio/Nordamerika tragen eine kleine Stadt und ein College den Namen Oberlin. Beide verdanken ihre Entstehung im Jahr 1832 den beiden ehemaligen Missionaren Shipherd und Stewart, denen die kurz zuvor erschienene Biographie Oberlins von Dr. H. Ware Mut gemacht hatte, etwas Großes für ihren Herrn Jesus Christi zu leisten. Die Hochschule wurde auf dem Prinzip gegründet, dass die Studierenden sich selbst durch Handarbeit unterhalten und beide Geschlechter gemeinsam unterrichtet werden sollten. Das College nahm schon bald nach seiner Entstehung Farbige auf und entwickelte sich aus kleinsten Anfängen rasch zu großer Blüte.

Zum Gedächtnis Oberlins wurde 1874 in Potsdam/Babelsberg (früher Nowawes) das Oberlinhaus gegründet und 1879 zu einem Diakonissen-Mutterhaus Kaiserswerther Prägung ausgebaut. Unter Leitung des späteren Dr. Theodor Hoppe wurde das Oberlinhaus bahnbrechend auf dem Gebiet der Körperbehindertenfürsorge. Einzigartig ist die Aufgabe, die das Oberlinhaus für die Taubblinden und Taubstummblinden übernommen hat.

Das Andenken Oberlins lebt fort als das eines Mannes, der in einmaliger Weise allgemeine Humanitätsbestrebungen mit mystischer Innigkeit verband, als Original der Nächstenliebe und als Gärtner Gottes im Steintal in die Geschichte einging und der in aller Herzenseinfalt und Schlichtheit dem pastoralen und dem kirchlich-sozialen Wirken Bahnen vorzeichnete.

2. Johannes Daniel Falk – ein Lebensbild

»Ich war ein Lump, doch Gottes Gnade legte mich in die offene Wunde der Zeit«, so der Erzieher und Dichter von »O du fröhliche«, (1.Vers), Johann Daniel Falk (1768–1826).

Die Doppelschlacht von Jena und Auerstedt (14.10.1806: Preußen mit Russland verbündet gegen Frankreich), die mit einer vollständigen Niederlage Preußens endete, war wohl der eigentliche Wendepunkt im Leben Falks.

Am 7.04.1826, knapp zwei Monate nach Falks Tod, rät Goethe einem der Biographen Falks, Heinrich Döring, bei einer Lebensbeschreibung Falks methodisch zu verfahren: »1. Als Schriftsteller, 2. als tätig in gefährliche Kreisläufe eingreifend, 3. als Pädagoge verwilderter Kinder und Unternehmer eines frommen

Instituts ...« Goethe hat recht: man kann Falk nicht als Erzieher verwahrloster Kinder schildern, ohne auf seine früheren Lebensabschnitte einzugehen.

Johannes Daniel Falk wurde am 28.10.1768 in Danzig geboren und ist am 14.2.1826 in Weimar gestorben. Sein Vater war Perückenmacher und gehörte der reformierten Konfession an, während seine Mutter aus der Brüdergemeine kam. Seine Erziehung war streng, bewegte sich in den Schranken einer kleinbürgerlichen Handwerkerfamilie und wurde dem aufgeweckten und wissensdurstigen Jungen durchaus nicht gerecht. Verwandte und Freunde verhalfen ihm schließlich zu der väterlichen Erlaubnis, seinem Bildungsstreben nachzugeben. Er durfte Musik treiben und während er bereits in seiner Familie Gelegenheit gehabt hatte, Französisch zu lernen, kam nun noch Englisch hinzu, endlich auch die Erlaubnis, das Gymnasium zu besuchen.

1787 ging Falk, mit Stipendien ausgerüstet, zur Universität Halle, um Theologie zu studieren. Doch mehr zogen ihn vor allem die philosophischen Studien unter F. A. Wolf an. So blieb er der Theologie nicht treu, in der Hauptsache wohl, weil er kein inneres Verhältnis zum kirchlich-konfessionell geprägten Glauben und dem Objekt der theologischen Wissenschaft gefunden hatte. Er ließ sich, mit literarischen Plänen beschäftigt, ohne die Grundlage eines ordentlichen Berufes in Weimar als Privatgelehrter nieder, wo er von Wieland, Goethe und Herder freundlich aufgenommen wurde. Freilich ordnete man ihn dort nur den Schriftstellern zweiten Ranges zu. Hier führte ihn seine Neigung zur Satire. Er geißelte die Schwächen der damaligen gesellschaftlichen und dichterischen Zustände, doch finden die Gegenstände seiner Muse in der heutigen Zeit kaum noch Interesse. Auch entging Falk nicht immer der Gefahr der Satire, sich lediglich ins Spaßhafte zu verlieren. In einem Fall jedoch wandte er sich einem Thema zu, das seine künftige Lebensarbeit ahnen lässt:

Er griff die Missstände in der Berliner Charité (Falk, Taschenbuch 1798, S. 107 ff.) auf und hatte die Genugtuung, damit sogar einen Erfolg zu erzielen. Im Ganzen aber hatte seine Schriftstellerei keine größere Bedeutung. Er selbst freilich wähnte sich oft in einer literarischen Hochstimmung, aus der er schließlich durch die politischen Ereignisse jener Zeit wieder auf den Boden der Wirklichkeit zurückkehrte.

Die Situation, unter der Deutschland damals litt, musste einen deutsch fühlenden Mann wie Johannes Daniel Falk aufs Tiefste bewegen. Seit 1806 gab er statt der bisherigen schöngeistigen Taschenbücher eine Zeitschrift heraus, die mit dem Haupttitel »Elysium und Tartaros« noch ganz der früheren Zeit verbunden war, im Untertitel »Zeitung für Poesie, Kunst und Zeitgeschichte« jedoch das Kommen künftiger Lebensinteressen aufs Deutlichste anzeigte. Der in diesem Blatt auftretende Freimut veranlasste bereits vor der Schlacht von Jena ein entsprechendes Verbot der Zeitschrift.

Nicht erst die Gründung der »Gesellschaft der Freunde in der Not« im Jahre 1813 selbst, sondern bereits die Doppelschlacht bei Jena und Auerstädt (Preußen, mit Russland verbündet, gegen Frankreich) am 14. Oktober 1806, die mit einer vollständigen Niederlage Preußens endete, war wohl der eigentliche Wendepunkt im Leben Johannes Falks. Nach der Schlacht von Jena benötigte nämlich die französische Kommission zur Erhebung der Kriegskontribution einen landes- und sprachkundigen Vermittler mit der Bevölkerung. Auf Empfehlung von Wieland und im Einverständnis mit dem Weimarer Hof wurde Falk »Secretaire interprete de l'Intendant du premier arrondissement de la Sachse«.

Zu diesem Zweck siedelte er für kurze Zeit nach Naumburg über und wurde hier der Fürsprecher zahlloser schwer heimgesuchter Sachsen-Weimarer. Er konnte dabei viel Ungerechtigkeit abwenden und manche Bedrängnis mildern. Von seiner ersprießlichen Tätigkeit für die deutschen Bewohner dieser Gegenden zeugen Dankesbriefe, die sich in reichlichen Maße bis heute im

Goethe-Schiller-Archiv in Weimar befinden. Auch der Herzog und die Herzogin sagten Falk aufrichtigen Dank »für die teilnehmende Art, mit so viel Güte und Tätigkeit für die Erleichterung dieses Landes« gearbeitet zu haben.

Nach drei Monaten schied er aus seinem Amt und in Anerkennung seines Wirkens ernannte ihn der Großherzog von Weimar zum besoldeten Legationsrat.

In ähnlicher Weise hat er vor und nach der Völkerschlacht bei Leipzig 1813 gewirkt. Im Volk trug er deshalb den Ehrentitel »der gütige Herr Rat«.

Bereits in den Jahren 1808/09 verwendete ihn der Herzog für politische Sendungen nach Berlin, Erfurt und Kassel. Zu Goethe trat Falk in dieser Zeit in ein besonders freundschaftliches Verhältnis. Er beteiligte sich an den von Goethe veranstalteten »Maskenzügen« in Weimar und zeigte lebhaftes Interesse an dessen naturwissenschaftlichen Arbeiten. In häufigen Gesprächen zwischen beiden wurden Fragen der Naturwissenschaft und der Weltanschauung besprochen. Dies ist eine wichtige Zwischenstufe in Falks Entwicklung, in der er nach seiner eigenen Aussage »aus einem Satiriker zum Dichter, aus einem Dichter zum Naturforscher, aus einem Naturforscher zum theoretischen Philosophen und Christen, aus einem theoretischen zum praktischen Christen« wurde.

Aber auch die letzte Stufe der Entwicklung Falks bahnte sich an. Nach dem unbekannten Verfasser der Falkiana leitet diese Zeit stark auf jenes Gebiet Falks hin, daß mit 1813 beginnt. Denn noch eine andere Aufgabe stellten die Kriegsfolgen dem gütigen Herrn Rat. Hatte er sich hilfreich der Not zugewendet, so wandte sich nun die Not hilfesuchend ihm zu. Viele verwaiste, heimatlose, verwahrloste und verkommene Kinder klopften an seine Tür. Er nahm sie bei sich auf – als Ersatz für mehrere seiner eigenen Kinder, die er mit tiefem Schmerz der Kriegsseuche Pest zum Opfer fallen sah. In einem Monat starben vier seiner Kinder an der nämlichen mörderischen Seuche. »Es gab Zeiten in unserem Haus, wo wir alle zusammen nur ausgeweinten Gespenstern glichen. Kinder kamen zu Hunderten aus dem ganzen Land, gingen ein und aus, und die meinigen wurden begraben. Gott hielt mein Herz, sonst wäre es zersprungen. Fortan hatte Politik sowie das ganze Reich dieser Welt mit seinen Schattenwesen ausgetan, oder ich selbst war ein Schatten geworden – ich weiß es nicht. Durch die Lücken von vier geliebten Gräbern war mir ein glanzvoll hell gestirnter Himmel aufgegangen. Den Frieden Gottes auf Erden darzustellen und zwar durch alle Stände, durch alle deutschen Stämme hindurch, dünkte mich eine Beschäftigung zu sein, die des Schweißes der Edlen in Deutschland jetzt mehr als jemals wert sei. (…) In dem allgemeinen ungeheuren Schmerz vergaß ich zuletzt den meinen. Ich hörte nur den strengen Befehl von meinen vier Totenkanzeln wie ein höheres Gesicht wieder und wieder an mich ergehen … Ich fragte mich nach den Ursachen des ungeheuren Zeitenuntergangs und fand sie in dem eigentlichen Untergang des Edlen und Großen in meiner und so vieler Zeitgenossen Brust, die wir hochmütig redeten, schrieben und allerlei schwatzten, aber nie lebendig die Hände ans Werk legten. Auf diesen Schmerz der Reue, dies tief zermalmende Gefühl meiner eigenen Unwürdigkeit folgte bald eine stürmische Begeisterung, womit der feurige Atem Gottes von allen vier Totenkanzeln mich plötzlich anwehte und begnadete, so dass sich alles um mich und neben mir, jung und alt, arm und reich, Männer und Jungfrauen, Kinder und Greise, Katholiken und Lutheraner zu einer gleichen Begeisterung hinriss. So erhub sich aus der Asche meiner Kinder, aus dem Dunkel ihrer Grabstätten das Licht jener Anstalt.«

Gemeinsam mit dem Stiftprediger und späteren Oberkonsistorialrat Horn gründete Johannes Daniel Falk 1813 in Weimar »Die Gesellschaft der Freunde in der Not«, deren geistiger Vater Falk war und blieb. Die Verfahrensweise der Anstalt: Man brachte die Kinder in Häusern von Bürgern, Bauern und Handwerksmeistern unter. Die Neuen, die Falk erst kennenlernen wollte, behielt er einige Wochen bei sich, ebenso für längere Zeit die Verwahrlosten unter ihnen, endlich auch die, die er für höhere Unterrichtsziele geeignet hielt. Begabte sollten zu Lehrern herangebildet werden. Der lokale Mittelpunkt war Falks Haus, seit 1823 der »Lutherhof«, der teilweise durch die Jugendlichen selber mit errichtet wurde. Am Sonntag sammelte sich hier die große jugendliche Schar. Falk lebte, sang und spielte mit ihnen; er unterrichtete sie in weltlichen und biblischen Dingen. Übrigens schlug Falk dem Staat vor, überall solche Sonntagsschulen zu errichten. In allem herrschte bei Falk nicht das System, noch weniger die Schablone, sondern ein familienhaftes Individualisieren.

Erziehung, nicht Unterricht war dabei das ursprüngliche und eigentliche Ziel Falks. Die öffentlichen Volksschulen genügten nicht immer den Ansprüchen, die Falk an sie wegen der differenzierten Psyche der Verwahrlosten stellen musste. So richtete er in seinem Hause, das sich allmählich den werdenden Institutsplänen unterordnen musste, eigene Unterrichtsstunden ein, die sich aber schon bald zu einer förmlichen Schule erweiterten. Es ist nicht bekannt, in welchem Jahr genau diese Schule ins Leben trat. Aus verschiedenen überlieferten Berichten geht jedoch hervor, daß 1819 diese Institutsschule bestand.

Die pädagogische Wirksamkeit Falks steht nun nicht in schroffem Widerspruch zu seinen früheren Lebensperioden, wie man oft gemeint hat. Es mag wohl richtig sein, wenn Falks Studien- und Lebensfreund Friedrich Wilhelm Körte zwei Jahre nach dessen Tode an die Tochter Rosalie Falk schreibt, dass es nur »einer gemütlosen Urkunde schwierig sein wird, den früheren Satiriker mit dem Mystikus zu vereinigen. Wer nicht mit glühendem Hass dem Laster der Torheit entgegenzutreten sich berufen fühlte, wie sollte der die heilige Kraft in sich finden oder auch nur in sich suchen, dem Urquell des Lebens in der Tat und Wahrheit sich mit heißer Inbrunst zu widmen ... Wenn unser Verewigter in den letzten Jahren den mystischen Ton wählte, so war es aus demselben Gefühl des Zeitgemäßen, welches ihm in der Jugendperiode den Ton der Strafrede einblies.«

Wenn auch die Wandlung Falks durch Körtes Darstellung psychologisch richtig begründet sein mag, so wird doch das »Wunderliche und Problematische« im Leben und Charakter Falks, wovon Goethe spricht, nur dann verstanden werden können, wenn man eine eingehende Kenntnis seiner Welt- und Lebensanschauung und einen Einblick in seine praktische und volkserzieherische Tätigkeit gewonnen hat.

Falks Wirksamkeit ist dadurch gekennzeichnet, dass sie wie in einem Brennpunkt mancherlei Lichtstrahlen früherer Bestrebungen aufweist, aber auch Ausstrahlungen hatte, die Feuer und Wärme an spätere Zeiten abgaben. Mit dem Pietisten und Begründer des Halleschen Waisenhauses August Hermann Francke (1663–1727) teilte Falk die pädagogische Tendenz, das Gottvertrauen, das religiöse Zentrum und Ziel allen Wirkens, das letztere allerdings nicht in der ängstlichen und gesetzlichen Weise des Pietismus, sondern in Frische, Freiheit und Fröhlichkeit. An den Pädagogen Johann Heinrich Pestalozzi (1746–1827) erinnert der hohe Idealismus Falks, der bei ihm immer praktisch blieb, das Miteinander von Erziehern und Kindern. Eine edle Nachblüte seiner literarischen Periode, die mit den Ereignissen um 1813 völlig verstummt war, sahen wir in den Liedern, die im Kreise der Kinder und für sie entstanden und zum Teil heute noch unter uns lebendig sind (»O du fröhliche, o du selige, gnadenbringende Weihnachtszeit«, Strophe 1; »Was kann schöner sein«).

Diese Lieder frohen Lebens waren andererseits auch wieder ein Vorausklang dessen, was später in Reinthalers (Schüler Falks) Martinsstift in Erfurt und in Wicherns Rauhem Haus in Hamburg zu hören war. Die Unterbringung der Kinder in Familien war ein

Vorspiel der späteren Erziehungsvereine. Die christliche Frische und Gesundheit, die Achtung vor der Persönlichkeit des Kindes, das liebevolle Sich-Versenken in dessen Individualität bleiben für alle Zeit vorbildlich.

Zu vermissen ist bei Johannes Daniel Falk eine gewisse Tiefe der christlichen Erkenntnis von der Sünde und ein Mangel an konfessioneller Ausprägung – Schranken, die sowohl in Falks Persönlichkeit als auch im Geist der Zeit ihren Grund hatten. Eine Vorahnung des Gedankens der Inneren Mission finden wir in Aussprüchen Falks: »Der seit 11 Jahren verfolgte Hauptzweck unseres Vereins scheint eine Art Missionsgeschichte, eine Seelenrettung, eine Heldenbekehrung zu sein, aber nicht in Asien oder Afrika, sondern in unserer Mitte in Sachsen, Preußen.« Mit der Ausbildung von Lehrern ist Falk wie Christian Heinrich Zeller (gest. 1860), der 1820 die Armenschullehrer- und Kinderrettungsanstalt in Beuggen bei Basel gründete, ein Wegbereiter für Johann Hinrich Wicherns (1808–1881) Brüderanstalt in Hamburg gewesen.

Den großen Wendepunkt in seinem Leben aber kennzeichnet Falk charakteristisch genug mit den Worten: »Ich war ein Lump mit tausend andern Lumpen in der deutschen Literatur, die dachten, wenn sie an ihrem Schreibtisch säßen, so sei der Welt geholfen. Es war noch eine große Gnade Gottes, dass er anstatt wie die andern mich zu Schreibpapier zu verarbeiten, mich als Charpié benutzte und in die offene Wunde der Zeit legte. Da wird nun freilich den ganzen Tag an mir gezuckt und gerupft, denn die Wunde ist groß und sie stopfen zu, so lange noch ein Fäserchen mir ist.«

So liegt fortan die Bedeutung Johannes Daniel Falk vor allem auf praktisch-pädagogischen Gebiet. Darüber muss im Folgenden noch näher die Rede sein. Ein religiös empfindender, körperlich kräftiger und gesunder, für alles Gute, Große, Edle empfänglicher und begeisterter, zu christlicher Liebestätigkeit stets bereiter

Mensch soll das Ergebnis der Bildung in Falks Erziehungszielen sein. »Lebensschule« (Mutter- oder Elternschule), »Sprechschule« (ab 6 Jahren) und »Sittenschule« (mit sittlich-religiöser Erziehung) sind für Falk die wesentlichsten Elemente, um dieses Ziel zu erreichen. Die Lebensschule nimmt das Kind in doppelter Weise in Anspruch: Das Leben des Kindes besteht in gesunder und richtiger Entwicklung der Gliedmaßen des Leibes, der Augen, der Ohren, Hände und Füße. Eine Schule, die diese herrlichen Naturgaben nicht durch Gymnastik und Turnen pflegt und fördert, ist zu verwerfen. Das zweite Erfordernis der Lebensschule ist die Seele. Gedächtnis, Einbildungskraft, Empfindung, Verstand, Vernunft können genau wie die Gliedmaßen des Leibes harmonisch, aber auch disharmonisch entwickelt werden. Die Sprechschule hat die Entwicklung der Seele des Kindes fortzusetzen, und zwar als Vorbereitung zu jeder Lese-, Schreib- und Rechenschule, während das höchste menschlich-christliche Ziel nach Falk durch die Sittenschule vermittelt werden soll.

Für die Erziehung der verwilderten Kinder gelten nach Falk im Allgemeinen die gleichen Maßstäbe wie in allen übrigen Schulen. Das letzte Ziel der Erziehung bleibt auch hier die Erweckung der tätigen Nächstenliebe. Dieses Ziel muss allerdings der mangelnden sittlichen Reife der Verwahrlosten entsprechend zunächst zurücktreten; es kann sich vorläufig nur darum handeln, diese Kinder mit den Anfängen eines sittlich-religiösen Christenlebens vertraut zu machen. Die wichtigsten Erziehungsmittel sind auch hier die Religion, ein gutes Vorbild des Leiters, der Lehrer und einzelner Schüler. Das Objekt der Erziehung sind die einzelnen Zöglinge, die durch ihre besondere Eigenart und durch außergewöhnliche Lebensschicksale so sehr voneinander unterschieden sind, das allgemeine Grundsätze für ihre Behandlung und Entwicklung gar nicht aufgestellt werden können, sondern im weitesten Umfang Individualisierung stattfinden muss. Dies ist dann Aufgabe der praktisch-pädagogischen Tätigkeit.

Falk hat diese pädagogischen Theorien in den Aufbau seiner Anstalt mit eingebracht und entsprechend zu verwirklichen gesucht. Dabei waren in der herausragenden und außerordentlichen Persönlichkeit und Erziehungs-Kunst Falks selber die Erfolge begründet, die bei den meisten seiner Zöglinge erreicht werden konnten. Aus seiner Barmherzigkeit und liebevollen Gesinnung entsprangen die unsagbare Geduld und Nachsicht, die er seinen Kindern gegenüber übte. Trotz dieses liebevollen Verstehens und individuellen Eingehens auf die spezielle Situation der einzelnen war Falk strenger Bestrafung nicht immer abgeneigt:

»Es ist damit aber keineswegs gesagt, dass die höheren Behörden diese Nachricht und Liebe teilen müssen. Im Gegenteil, das ist erfahrungsgemäß, je schärferen Empfang hier oder anderswo beim abermaligen Davonlaufen solche Knaben erhalten, je größere Strenge gegen sie angewendet wird, je besser und heilsamer ist es für sie. Eben aus dieser Verbindung entsteht die echt väterliche Hauszucht. Dem geschlagenen Kind soll und darf aber der tröstende Mutterschoß nicht fehlen; aber die Mutter darf nie sagen, dass der strenge Vater Unrecht hat oder sie verhätschelt das Kind, verzieht es und macht es zum unglücklichsten Menschen.«

So schreibt Falk an einen Kriminalrat, dem ein Zögling aus dem Institut zugeführt wurde, der immer wieder stahl und nirgendwo gut tat. »Sagen Sie ihm nur das, was sie als Richter tun müssten, zermalmen Sie ihn mit der Gewalt des Gesetzes, ist er zerknirscht, so schicken Sie ihn mir durch den Kriminalbeamten zurück, ich werde noch einen Versuch mit ihm machen – wenn Sie es für gut halten, dass er ein paar Tage bei Wasser und Brot sitzt, er komme früher oder später, er komme ja recht zerknirscht und zermalmt. Ich will indessen inbrünstig auf meinen Knien zu Gott beten, dass es zum Heil dieser armen Seele ausschlagen möge.«

Strenge und Strafe waren also im Falkschen Erziehungsplan

nicht ausgeschlossen, allerdings überließ er diese Aufgabe gerne den Behörden, obgleich auch in der Anstalt selbst eine Art Gefängnis eingerichtet war, wo schwere Vergehen durch einsames Sitzen und Wollspinnen bei Brot und Wasser gesühnt wurden. Doch fand dies offenbar höchst selten Anwendung. Die Strafe erschien ihm nur als ein sehr äußerliches Erziehungsmittel. Sein Grundsatz war vielmehr der: »Wir schmieden unsere Ketten von innen und verschmähen die, so man von außen anlegt; denn es steht geschrieben: So euch Christus frei macht, seid ihr recht frei.«

Aus dem Jahre 1819 ist uns der Lektionsplan überliefert und bekannt, der der allmählich zur Institutsschule herangereiften Falkschen Anstalt zugrunde lag. Danach war der Unterricht folgendermaßen verteilt:

»Früh von 6–7 Uhr wird einer Anzahl Knaben eine Schreibstunde gehalten und zwar von einem älteren Knaben des Instituts;

von 8–10 und 1–3 nachmittags unterrichten die Seminaristen (Rettner und Paul) eine andere Zahl von Zöglingen im Hause des Legationsrats Falk im Buchstabieren, Lesen, Schreiben, Rechnen und in der Bibel;

von 3–6 kommen andere Zöglinge zusammen und werden von einigen anderen schon geübteren Zöglingen mit Auswendiglernen biblischer Abschnitte und religiöser Gedichte, desgleichen mit Rezitieren und Deklamieren beschäftigt (Sprechschule);

von 6–7 Uhr versammeln sich alle Schüler, die vom Institut unterstützt werden; die Stunde ist bestimmt zum Bibellesen, besonders des Neuen Testamentes unter einer Anleitung eines Seminaristen (Rettner);

von 7–8 ist sogenannte Betstunde, in welcher biblische Abschnitte, religiöse Lieder und Gedichte hergesagt und dazwischen Arien und Motetten gesungen werden. Die Stunde wird gehalten von einem Seminaristen und dem Chorpräfekten Fiedler;

mittwochs und sonnabends ist von 4–6 Uhr Singstunde, in

welcher auf einen reinen vierstimmigen Gesang gesehen wird. Der Stadtkantor Kästner gab diesen Unterricht.«

Wir entnehmen dem Bericht, dass auch die Schüler des Instituts, die die öffentlichen Schulen besuchten, den Erbauungsstunden von 6–8 Uhr beiwohnen mussten. Sie fanden sich zum Teil schon in den Nachmittagsstunden ein, um ihre Schulaufgaben unter Aufsicht zu machen. Falk hatte dabei selber die beste Gelegenheit, sich ihnen in der Freizeit persönlich zu widmen. Er sagt dazu: »Ich sehe es gern, wenn eins zu mir kommt, und ist mir lieb, wenn ich jedes des Tages einmal sehe, wenn es auch nichts bei mir zu tun hat und bloß sagt, es will mich besuchen. Ich kann nicht jedes alle Tage aufsuchen und möchte doch alle Tage mit jedem gern ein Wort allein reden.«

Über die Finanzierung der Falkschen Anstalt erfahren wir etwas, wenn Falk etwa an die Landstände schreibt: »Edelmütige Vertreter des Weimarischen Volkes haben einen so heldenmütigen deutschen frommen Unternehmen ihren Beifall, Freude und Unterstützung nicht versagt.« Sie halfen mit und unterstützten das Institut mit Geld, Unterkunft, Bereitstellen von Mittagstischen und Kleidung, ganz ihren Kräften und Mitteln entsprechend. Organisatorisch schuf Falk zwei Kassen; zunächst die »Hauptkasse« oder »das bare Monatsbuch«, mit Originalquittungen, wo alle Ausgaben und Einnahmen des Instituts zusammenflossen. An jedem 1. des Monats wurde dieses Buch in die Häuser getragen und die Wohltäter trugen sich dann selbst mit ihrem Beitrag ein. Der Beitrag wurde gegen Originalquittung der Meister, Pflegeeltern usw. in demselben Buch berechnet. Ein gedruckter aktenmäßiger Auszug erschien jährlich im Weimarer Wochenblatt. Das Buch wies 48 monatlich zahlende Mitglieder auf. Die zweite Kasse bestand aus den »persönlichen Anweisungen«. Dabei holten die Kinder auf einem von den Pflegeeltern und dem Vorsteher unterschriebenen Zettel den Beitrag, den dieses oder jenes Mitglied geben wollte, in den Häusern selbst ab und brachten ihn von da zur Vereinfachung des Rechnungswesens sofort ihren Pflegeeltern.

Als später die Anstalt erweitert wurde durch Aufnahme von kinderarmen Eltern oder solchen Eltern, die durch Falks Erziehungskünste sich eine Besserung ihrer verwilderten Kinder versprachen, wurde eine andere Art der Versorgung notwendig. In diesem Falle wurden die Eltern, die Gemeinden oder vermögende Verwandte sowie sonstige Wohltäter des Heimatortes aufgefordert, die Kosten für diese Kinder zu tragen oder doch wenigstens etwas dazu beizusteuern. Blieben diese Bemühungen ohne Erfolg, versuchte Falk, in Weimar und seiner näheren Umgebung unter den Freunden in der Not die nötigen Mittel zur Aufnahme und Unterbringung aufzutreiben.

Freilich ist die finanzielle Lage der »Gesellschaft der Freunde in der Not« trotz solcher Bemühungen offenbar nie gut gewesen. Die ständig neu hinzukommenden Kinder und besonders die schreckliche Hungersnot von 1817 brachten Falks Institut in eine verzweifelte Lage, zumal er gerade in dieser Zeit mit keinerlei Hilfe von Seiten des Staates rechnen konnte. In dieser Situation machte Pfarrer Leutloff aus Olbersleben einen für damalige Begriffe sicherlich absurden Vorschlag: »In keinem Dorfe unseres Landes darf getanzt werden ohne Erlaubnis des Amtes. Für diese Erlaubnis wird von den Tanzlustigen jedesmal ein halber Gulden bezahlt, dieser halbe Gulden wird in die Almosenkasse geworfen; ein Viertel davon sollen die armen Schulkinder bekommen, die übrigen Viertel das Falksche Institut.« Am 20. Dezember 1818 dankt Falk »Ihro Kaiserlichen Majestät, Kaiserin Mutter Maria Feodorowna, die die Gnade gehabt, dem Institut für verwilderte und verlassene Kinder 100 Dukaten zum Andenken zu verehren.« Der König von Württemberg spendete 150 Taler für das wohltätige Institut und lässt Falk »des lebhaftesten Anteils, welchen Höchstderselbe an allen die Beförderung des Menschenwohls bezweckende Anstalten nehme«, versichern.

Auch von England kam Unterstützung. Bereits 1813/14 hatten englische Hilfsgelder die erste größte Not zu lindern versucht. In späteren Jahren waren es die Bibel- und Missionsgesellschaften, die von England aus dem Falkschen Institut immer besonderes Wohlwollen entgegenbrachten. Trotz der vielseitigen Hilfe und regen Gebebereitschaft machte die finanzielle Lage der Anstalt dem Leiter stets die größte Sorge. Von der qualvollen Not im Hungerjahr 1817 ist in Falks Tagebuch zu lesen, dass der Schmuck seiner Frau verpfändet und das ganze häusliche Vermögen für die Anstalt aufgeopfert wurde. Aber auch nach dem Hungerjahr 1817 kamen die ökonomischen Verhältnisse des Instituts niemals ganz in Ordnung. Unzählige verzweifelte Stunden muss es damals dort gegeben haben. Besonders knapp war das Geld in der Zeit, als Falk den »Lutherhof« baute.

Schließlich bekommt man einen Einblick in das Verhältnis zwischen den Falkschen Anstalten und dem Staat durch einen ausführlichen Bericht der Landesdirektion vom 9.5.1820 an den Großherzog von Weimar (nachdem der Mitbegründer und Oberkonsistorialrat Horn ein ausführliches Gutachten über Falk und seine Anstalt abgegeben hatte). Die Frage, ob man den Legationsrat Falk nicht in »polizeiliche Oberaufsicht« nehmen solle und ob das Institut noch seinem Zweck entspricht, wird in jenem Bericht so beantwortet:
1. Der erste Zweck des Instituts habe aufgehört, da Ruhe und Frieden sei und dem Staat wieder Mittel zur Verfügung ständen;
2. durch öffentliche Unterrichts- und Bildungsanstalten und das Waisenhaus werde das Institut entbehrlich;
3. für die staatsbürgerliche Seite des Instituts werde der Nutzen der Falkschen Anstalt während der schweren Zeit nach dem Kriege lobend erwähnt;
4. getadelt werde, dass das Institut nicht eine Privatanstalt geblieben sei und sich zur rechten Zeit aufgelöst habe, sondern in

die Öffentlichkeit trat und Landstände und Behörden behelligte;
5. die Aufmerksamkeit des Staates werde auch dadurch erregt, dass Falk manche Kinder, die sich sonst dem Bauern-, Tagelöhner- und Dienstbotenstand gewidmet hätten, zu Handwerkern ausbildete und dadurch der notwendigen ökonomischen Beschäftigung entzogen habe;
6. schließlich könne es dem Staat nicht gleichgültig sein, so viele »fremde arme und verlassene Kinder in seinen Grenzen und Mauern einwandern zu sehen, dass er fürchten muss, zu ihrer Erhaltung einst in Anspruch genommen zu werden.«

Während der Heimaufenthalt von Kindern heute oft ein Hemmschuh der Menschwerdung genannt werden kann, wenn etwa die kritische Aufenthaltsdauer überschritten ist und die Kinder durch zu wenig Liebe krank werden und durch bleibende Schäden seelisch verkümmern, steht gerade bei Falk die Gefühls- und Empfindungswelt des Kindes im Mittelpunkt. Der Ausbildung der Seele, des Herzens widmet er lange leidenschaftliche Passagen. »Könnten wir die Seele unter ein Mikroskop bringen, wieviel Ungeheuer, Krüppel, Lahme, Blinde würden wir entdecken ...« Während die Massenpflege in vielen heutigen Kinderheimen gerade durch die seelische Heimatlosigkeit, die hier herrscht, oft zu Verwahrlosung und Jugendkriminalität führt, bestand das ganze Ziel Falks darin, diese Verwahrlosung entschieden zu bekämpfen. Dabei bezog sich Falks Unterbringung von Kindern (außer in seiner eigenen Anstalt) nie auf Heime, sondern stets auf Familien, was entsprechend zu beachten ist.

Während heute längst wieder Bestrebungen im Gange sind, durch Verbesserung des Adoptionswesens, durch Ausbau des Pflegewesens und der Anerkennung des Berufes der Hausfrau und Mutter von der Massenpflege wegzukommen und sie in Individualpflege umzuwandeln, haben wir gerade in Johannes Daniel

Falk einen typischen Vertreter für die individuelle Betreuung von Kindern und Jugendlichen vor uns. Eine allgemeingültige Erziehungsmethode gab es für Falk nicht. Vielmehr war seine erzieherische Tätigkeit ganz dem seelischen Zustand des einzelnen angepasst und zugewendet, also durch Individualisierung im stärksten Umfang geprägt. So kann er sich gelegentlich äußern: »Wie fordern doch die Kinder eine verschiedene Behandlung.«

3. Elizabeth Fry, Quäkerin, Engel der Gefangenen

»Heute habe ich gefühlt, daß ein Gott ist.«
Durch den Vortrag des Predigers William Savery in einer Quäker-Versammlung am 04.02.1798 vollzog sich der Beginn der inneren Wandlung von Elizabeth und schließlich ihre Entscheidung.

Auf dem stillen Friedhof Norwich/England standen vor dem offenen Grab der Mutter elf Kinder. Katharine Gurncy, die Frau des reichen Gutsbesitzers Joseph John Gurney von Gut Earlham bei Norwich, wurde zur letzten Ruhe gebettet; das älteste ihrer Kinder war 16, das jüngste 2 Jahre alt. Am meisten vom Schmerz über den Verlust der Mutter betroffen war das drittälteste Kind, die 12jährige Elizabeth.

1796, vier Jahre später, also 16jährig, finden wir Elizabeth allerdings nicht mehr am Grab der Mutter, auch nicht am Stickrahmen – sondern vor dem Spiegel wieder. Sie gab sich der Pflege ihrer Schönheit hin, schwänzte die Unterrichtsstunden des Hauslehrers und hatte mit Büchern und Studieren nicht viel im Sinn.

Die häufigen Gäste im Hause ihres geselligen Vaters, Tanz, Musik und Spiel, boten so viel Abwechslung, dass es Elizabeth bald nicht an Bewunderern und Verehren fehlte, wenn sie zwischen den Tänzen – oft unter Begleitung ihrer Schwester Rahel – sang oder ihren Humor und Witz unter Beweis stellte. Nach außen hin schien sie die ganze ihr gebotene Freiheit voll zu genießen. Ihre Tagebucheintragungen aus jener Zeit geben jedoch einen Blick frei in ihr Inneres. Danach vollzog sich ihr bisheriges Leben eher in einer Gefangenschaft als in der Freiheit: »Wie schön könnte es sein, wüsste ich meine Zeit und meine Gedanken würdig auszufüllen ... Ich bin wie ein Schiff auf dem Meer ohne Steuermann – ich bedarf jemandem, auf den ich mich stützen kann.«

Zu Beginn des 19. Jahrhunderts kam das Quäkertum wieder in Bewegung und die Familie Elizabeths gehörte von Vaters Seite her (der Vater war Wortführer einer abgesonderten Gruppe der »Religiösen Gesellschaft der Freunde«) schon lange zu den Quäkern, die auf Gebetsstille, einfaches Leben, Friedfertigkeit und tätige Liebe besonderen Wert legten. Vater und Kinder waren keineswegs lebendige Glieder dieser Glaubensgemeinschaft, doch hielten sie an der guten Sitte fest, die Versammlungen der Quäker zu besuchen.

Der Prediger am Abend des 4. Februar 1798 hieß William Savery, der – aus Amerika gekommen – sich auf einer Evangelisationsreise durch England befand. Uns ist völlig unbekannt, was und wie er an diesem Abend zu seinen Zuhörern sprach. Wir wissen ebenfalls nicht, was in Elizabeth Gurney an diesem Abend vorging. Die mit zitternder Hand vollführte Tagebucheintragung vom 4.2.1798, offenbar nach der Quäkerversammlung, ist lediglich eine hilflose Andeutung und ein schwacher Ausdruck eines noch nicht in Worte zu fassenden Geschehens: »Heute habe ich gefühlt, dass ein Gott ist.«

Immerhin wirkte es sich so spürbar für ihre Umgebung aus,

dass ihre Schwester von ihr schreiben konnte: »Von diesem Tag an schien ihre Liebe zur Welt und zum Vergnügen dahingeschwunden.« Eine Lebensregel, die sich Elizabeth selbst gab, können wir schon hier hören: »Meide alles, was dich zerstreut, dich vom Gebet abzieht, deinen Umgang mit Gott stört: Es ist dir Sünde, sei's auch sonst noch so lieb und unschuldig.«

Als der Vater die innere Veränderung seiner Tochter bemerkte, fragte er sie, ob sie krank sei. Ihre Antwort lautete: »Nein, ich bin allerdings krank gewesen, aber ich glaube, ich werde jetzt ganz gesund werden.« In der Familie Gurney war man sich einig, dass es sich bei Elizabeth um eine seelische Störung handeln müsse und man beschloss, sie für eine Weile zu Verwandten nach London zu bringen, damit sie durch das abwechslungsreiche Leben der Großstadt die Zerstreuung finde, die sie wieder ins alte Gleis zurückbringen sollte.

Es gehörte zu den guten Fügungen jener Tage, dass zur gleichen Zeit William Savery in London weilte. Mit großem Gewinn besuchte sie seine Londoner Versammlungen. So war das eigentliche Ergebnis ihres Aufenthaltes in der Großstadt dies, dass sie sich nun auch ganz offiziell dem Kreis der Quäker als tätiges Mitglied anschloss und deren schieferfarbene Tracht anlegte. In den Zusammenkünften der Quäker prophezeite man ihr eine besondere Berufung und Offenbarung Gottes.

Stattdessen kam – sie war jetzt 20 Jahre alt – ein Heiratsantrag. Joseph Fry stand als Sohn eines reichen Kaufherrn an der Spitze eines bedeutenden Londoner Handelshauses. Im August 1800 fand die Trauung im Gottesdienst der Quäker statt. Gleichwohl fiel ihr die Trennung von Heimat, Elternhaus, Geschwisterkreis und von den Kindern ihrer Sonntagsschule schwer, als es galt, Abschied von Earlham zu nehmen und ihrem Mann in sein Haus nach London zu folgen.

Elf gesunden Kindern hat Elizabeth Fry danach das Leben geschenkt. Neun Jahre nach ihrer Heirat siedelte Elizabeth mit ihrer großen Familie wieder in unmittelbare Nähe ihrer alten Heimat, nach Plashet, einem alten Landsitz der Familie Fry. Hier nun begann ihre vielfältige Liebesarbeit – trotz ihrer durch die Geburten geschwächten Gesundheit und neben ihrem großen Haushalt: Besuche und Pflege von Kranken; Unterstützung von Hunderten von Armen mit Kleidern und Nahrung; Unterrichtung von 70 Mädchen nach neuer Methode in einer selbst gegründeten Schule; Hilfe unter den herumziehenden Zigeunern; Verbreitung von Bibeln. Eines Tages nahm sie mit geschickter Hand eine Kuhpockenimpfung vor, eine damals völlig neue Sache, die sie von einem Arzt gelernt hatte. Als Folge davon starben in der ganzen Umgebung die Pocken auch unter den Menschen aus. So wurde sie in der Öffentlichkeit allmählich bekannt. Hinzu kam, dass ihre nächsten Verwandten zum Glauben fanden.

Als Elizabeth eines Tages durch den Brief eines Predigers von den Zuständen in den englischen Gefängnissen hörte, begab sie sich im Februar 1813 mit einem Kleiderpaket nach Newgate, dem größten Kriminalgefängnis Londons. Den Warnungen des Gouverneurs von Newgate begegnete sie mit der Antwort: »Ich danke dir, ich fürchte mich nicht.«

Im Gefängnisinneren wurden allerdings ihre schlimmsten Vorstellungen übertroffen: ekliger, unerträglicher Geruch, wildes Kreischen betrunkener Weiber, das Fluchen schmutziger Männer, das Jodeln von Jugendlichen, dazwischen hilfloses Schreien von Säuglingen; Schwerkranke und im Gefängnis geborene Kinder auf blankem Boden; Schwerverbrecher und Todeskandidaten – chaotisches Durcheinander auf kleinstem Raum; die Menschen hausten in ihrem unvorstellbaren Schmutz dicht und unterschiedslos nebeneinander.

Auf der sogenannten Weiberseite befanden sich ungefähr 300 Frauen, mit einer Unzahl von Kindern zusammengepfercht, völlig verwildert – unter Aufsicht eines Mannes und seines Sohnes.

Elizabeth kam bei diesem ersten Besuch nur bis zu dem großen

Gitter, hinter dem sich die Frauen drängten und rauften wie im Zustand wilder Tiere.

Elizabeth Fry, die wie später Mathilda Wrede »Engel der Gefangenen« genannt wurde, verschrieb sich gerade um dieser Menschen willen der Barmherzigkeit. Bei ihrem nächsten Besuch forderte sie die Öffnung des Gitters und bestand darauf, allein hineinzugehen. Da glich die Situation der Stillung des Sturms, als sie begann: »Ihr scheint sehr unglücklich, ihr habt keine Kinder. Wäre es auch recht, wenn jemand käme, eurem Mangel abzuhelfen?« – »Liebe Freundinnen, viele von euch sind Mütter. Auch ich bin eine Mutter. Ich bin besorgt um eure Kinder. Können wir nicht etwas tun für diese armen, unschuldigen Geschöpfe? Sollen sie aufwachsen, um auch Gefangene zu werden? Sollen sie schlecht werden?«

Das Eis war gebrochen. Viele Stunden hörte sie sich nun die Geschichten von Unrecht, Schuld, Reue, Trotz und Jammer an. Zuletzt brachte sie den Namen »Jesus« ins Gespräch, den manche noch nie gehört hatten.

Was in den folgenden Monaten in Newgate geschah, gehört sicherlich zu den Wundern Gottes in der Geschichte der christlichen Kirche. Die Verhältnisse dort wandelten sich grundlegend, und zwar nicht durch die Behörden, sondern durch die Gefangenen selbst. Zehn andere Frauen waren Elizabeth zur Hilfe geeilt und hatten mit ihr 1817 einen »Verein zur Hilfe für weibliche Gefangene« (auch »Frauenverein zur Besserung weiblicher Sträflinge«) gegründet. Die Mitglieder dieses Vereins, der schnell wuchs, unterrichteten die Gefangenen in Gottes Wort, im Lesen, Schreiben und Nähen. Außerdem wurde dafür gesorgt, dass die Gefangenen das, was sie anfertigten, verkaufen konnten, damit sie nach ihrer Entlassung nicht mittellos dastünden. Am meisten erfreute die Gefangenen, was Elizabeth für ihre Kinder tat. Die Gefangenen halfen selbst mit, dass es zur sofortigen Einführung einer Gefängnisschule kam.

Im englischen Oberhaus sagte damals Lord Landsdowne, wie ein guter Genius sei Elizabeth Fry in diese Höhlen des Lasters herabgestiegen. In den ersten drei Jahren ihres Wirkens in Newgate erlebte sie nur drei Rückfälle. So hat Elizabeth auch für die Resozialisierung ihrer Gefangenen Entscheidendes getan.

Was sie in diesem Zusammenhang stark beunruhigte, war der Gedanke an die sogenannten Verbrecherschiffe. Viele weiblichen Gefangene von Newgate wurden zu lebenslänglicher Verbannung nach Neu-Südwales in Australien verurteilt und auf den »Verbrecherschiffen« dorthin gebracht. Diese Schiffe, vollbeladen mit gefangenen Mädchen und Frauen, waren Gräuelstätten des Schmutzes, der Unsittlichkeit und der Verkommenheit. Unmöglich konnte sie ihre Gefangenen dahin entlassen. Also ging sie mit an Bord eines solchen Schiffes, teilte die ungeordneten Haufen in Abteilungen zu je 12 Gefangenen auf und ließ jede Abteilung aus deren Mitte eine Aufseherin, »Mutter« genannt, wählen. Da die völlige Untätigkeit die Sinnlosigkeit ihres armen Daseins noch unterstrich, ja der Hauptgrund zur Verwahrlosung war, sorgte Elizabeth für eine nutzbringende Beschäftigung der Gefangenen. Sie wusste, dass in Neu-Südwales Flickendecken u. ä. begehrt waren. So bat sie die Manchesterhäuser in London um eine ausreichende Menge bunten Kattuns, womit die Frauen sich während der ganzen Reise beschäftigen konnten. Das Geld, das sie bereits im Hafen von Rio de Janeiro für die Flickendecken bekamen, war ein Grundstock für ihre neue Existenz im Land ihrer Verbannung.

Zusätzlich richtete Elizabeth wie zuvor im Gefängnis auch auf den Verbrecherschiffen eine Schule für Kinder und Erwachsene ein und sorgte dafür, dass Bibeln und Gebetsbücher verteilt wurden und schließlich Frauen aus der Mission mitfuhren. Endlich war auf den »Verbrecherschiffen« eine neue Welt eingezogen. Von jetzt an begleitete Elizabeth die Verbannten oft bis an Bord ihrer Schiffe. Tiefes Schweigen herrschte dann, wenn Elizabeth zum Abschied den Psalm 107 las, anschließend niederkniete und Gottes Segen für die ihr Anvertrauten erbat.

Als Elisabeth Fry vom englischen Parlament eingeladen wurde, war sie die erste Frau in der Geschichte Englands, die vor dem Unterhaus sprach und auf die künftige Gesetzgebung entscheidenden Einfluss ausüben konnte. Ihr oberster Grundsatz lautete: »Der Dienst an der Seele ist die Seele allen Dienstes.« Deshalb erbat sie vordringlich für die Gefangenen ihres Volkes:
- Gottesdienst, Unterricht und Seelsorge in den Gefängnissen und auf den Schiffen;
- kontinuierliche Beschäftigung der Gefangenen, wobei der Verdienst für sie zurückgelegt werden soll;
- Trennung der Geschlechter und Beaufsichtigung der weiblichen Gefangenen nur durch weibliches Personal;
- Einteilung der Gefangenen in Klassen nach Alter und Grad der Verkommenheit;
- Heranziehung der Besseren zum Aufsichtsdienst;
- ausreichende Kost und Kleidung;
- Abschaffung der schweren Ketten;
- Beschränkung der Todesstrafe auf Fälle schwerster Verbrechen.

Für eine durchgreifende Änderung des Strafrechts hat sie als eine der ersten den Grundsatz aufgestellt: »Strafe darf nicht Rache sein, sie muss dem Vergehen entsprechen und hat das alleinige Ziel, die Verbrecher zu bessern und dadurch das Verbrechen zu mindern.«

Ihre hier vorgebrachten Forderungen haben zu einer umfassenden Reform des Gefängniswesens und des Strafrechts in England und darüber hinaus geführt.

Nachdem zuvor der Lordmayor von London Elizabeth die höchste Anerkennung ausgesprochen hatte, wurde sie von Königin Charlotte bei einer großen öffentlichen Veranstaltung in der

»ägyptischen Halle« in London empfangen. Inzwischen hatte Elizabeth Stapel von Post aus ganz Europa erhalten. Gefängnisverwaltungen, Könige und Regenten fragten um Hilfe oder erbaten ihren persönlichen Besuch. Selbst aus Russland und von Seiner Majestät Kamehameha III., König der Sandwich-Inseln, kamen Briefe.

So sieht man Elizabeth Fry für die nächsten 20 Jahre auf Reisen, die sie neben der Sorge für ihre große Familie ganz ausfüllten. Sie suchte – oft unter großen Gefahren – die Gefangenen in allen größeren Gefängnissen Englands, Schottlands und Irlands auf. In den Gasthöfen, in denen sie abstieg, nahm sie sich besonders der Dienstboten an, um die sie sich damals kümmerte, und hielt stets – möglichst mit allen Gästen des Hauses – eine zu Herzen gehende Andacht. Sie versah die Küstenstationen mit Bibeln, Schulbüchern und guter Konversationsliteratur und stattete Küstenwächtern auf einsamen Stationen, deren Familien verkümmerten und deren Kinder ohne Schulbildung aufwuchsen, einen Besuch ab. Das Ziel ihrer fünf großen Reisen nach Holland, Belgien, Frankreich, Schweiz, Dänemark und Deutschland aber waren die Gefängnisse des europäischen Festlandes.

Als sie 1839 von der Schweiz her durch Stuttgart kam und auch das Gefängnis in Ludwigsburg besuchte, machte sie aus ihrem Missfallen keinen Hehl, dass ausgerechnet an diesem Sonntag die weiblichen Gefangenen auf Befehl des Königs nähen und flicken mussten.

Ebenso unerschrocken ging sie in die Paläste der europäischen Königshäuser. Als sie aber aus den Palästen in Brüssel, Den Haag, Paris, Genf, Berlin, Hannover, Dresden und Kopenhagen wieder in die Gefängnisse ging, nahm sie nicht selten Könige mit sich in die Kerker, um ihnen das unwürdige Leben der Gefangenen an Ort und Stelle vorzuführen. Eines Tages sieht man sie in einem Kerker inmitten der Gefangenen auf Knien beten, und neben ihr kniet tieferschüttert der König von Preußen.

Wie auf Friedrich Wilhelm IV. und auf Johann Hinrich Wichern, der sie »Königin im Reich der Barmherzigkeit« nannte, so gewann Elizabeth auch Einfluss auf den Pfarrer Theodor Fliedner in Kaiserswerth bei Düsseldorf. Als Fliedner ihr in Kaiserswerth das von ihm gegründete Diakonissenhaus zeigte, erkannte sie, dass ohne ihr Wissen ihr Wunsch nach barmherzigen Schwestern der evangelischen Kirche hier in aller Stille bereits Wirklichkeit geworden war. Fliedner, der bei seiner ersten Englandreise 1824 Elizabeth, die damals krank lag, nicht persönlich kennenlernte, hat bei seinem zweiten Besuch auf britischem Boden 1832 durch seine Begegnung mit ihr den entscheidenden Anstoß für die Erneuerung des Diakonissenamtes und die Gründung der Diakonissenanstalt Kaiserswerth erhalten. 1840 war sie selbst nach Kaiserswerth gekommen und erklärte die Mutterhausdiakonie für ein höchst dringendes Bedürfnis, auch in England. Zur Gründung eines Mutterhauses dort aber kam es erst, als Fliedner 1846 vier Diakonissen dorthin brachte. Dieses Ereignis, eine Krönung von Elizabeths Lebenswerk, hat sie selbst nicht mehr erlebt.

Eine Bewegung von Schmerz und Trauer ging durch ganz England und weit über seine Grenzen, als sie im Oktober 1845 starb. Auf den Stationen der 500 Küstenwächter waren die Flaggen auf Halbmast gesetzt, wie wenn die Königin gestorben wäre. Sie war eine.

Quellennachweis

Zum Artikel über Oberlin und E. Fry

Realencyklopädie für protestantische Theologie und Kirche, 3. Aufl.(!); und kleinere Einzelschriften.
Anmerkung: In der bis heute renommierten, bekannten und anerkannten 3. Auflage wird im Artikel »Fry« Elisabeth mit »s« geschrieben.

Zum Artikel über Falk:

Die genannten Zitate stammen größtenteils aus dem Buch von Dr. Trude Reis: »Johannes Falk als Erzieher verwahrloster Jugend«, Wichern-Verlag, Berlin-Spandau 1931. Das Buch ist im Zusammenhang mit den historischen Untersuchungen und Arbeiten des Forschungsinstituts für Fürsorgewesen an der Universität Frankfurt am Main entstanden und gründet sich auf den gesamten handschriftlichen Nachlass Falks: dazu gehören:
    a) Die Akten der Gesellschaft der Freunde in der Not, auch Falkakten genannt, 27 starke Foliobände im Weimarer Staatsarchiv;
    b) Geheime Staats-Kanzlei-Akten, ebenfalls im Weimarer Staatsarchiv;
    c) der sogenannte »Falksche Nachlass« des Goethe-Schiller-Archivs in sechs umfangreichen Kasten.

VI. Entscheidungs-Wege im Christentum
Beispiele von Predigten, in denen es um die individuelle Entscheidung geht

1. Himmelfahrtspredigt, Apostelgesch. 1, 1–11

Gibt es ab Himmelfahrt eine entscheidende Grenze zwischen Christus und uns?

a) Textübersetzung

<u>Vers 1</u>: Das erste Buch, o Theophilus, habe ich verfasst über alles, was Jesus getan und gelehrt hat.

<u>Vers 2</u>: Bis zu dem Tag, an dem er nach Auftragserteilung an die Apostel, die er durch den heiligen Geist erwählt hatte, aufgenommen wurde.

<u>Vers 3</u>: Denen stellte er sich nach seinem Leiden als lebend vor durch viele Beweise, indem er sich 40 Tage lang unter ihnen sehen ließ und vom Reich Gottes sprach.

<u>Vers 4</u>: Und als er zusammen mit ihnen aß, gebot er ihnen, sich nicht von Jerusalem zu entfernen, sondern die Verheißung des Vaters zu erwarten, »die ihr von mir gehört habt;

<u>Vers 5</u>: denn Johannes hat mit Wasser getauft, ihr aber werdet mit dem heiligen Geist getauft werden nach diesen wenigen Tagen.«

Vers 6: Nachdem sie erneut zusammengekommen waren, fragten sie ihn: »Herr, stellst du in dieser Zeit das Reich für Israel wieder her?«

Vers 7: Er sagte zu ihnen: »Es ist nicht eure Sache, Zeiten und Fristen zu kennen, die der Vater in seiner eigenen Machtvollkommenheit festgemacht hat.

Vers 8: Aber ihr werdet die Kraft empfangen, indem der Heilige Geist auf euch kommt, und ihr werdet meine Zeugen sein in Jerusalem, und in ganz Judäa und Samarien und bis an das Ende der Erde.«

Vers 9: Und als er das gesagt hatte, wurde er vor ihren Blicken emporgehoben, und seine Wolke nahm ihn auf und entzog ihn ihren Augen.

Vers 10: Und während sie angespannt zu dem hinblickten, der in den Himmel fuhr, siehe, da standen zwei Männer bei ihnen in weißen Gewändern,

Vers 11: die sprachen: »Ihr Galiläer, was steht ihr und blickt in den Himmel? Dieser Jesus, der von euch weg in den Himmel aufgenommen worden ist, wird so kommen, wie ihr ihn habt in den Himmel fahren sehen.«

b) Examenspredigt

Liebe Gemeinde! Viele Menschen wissen mit dem Himmelfahrtstag nichts anzufangen. Sie beschäftigen sich wie alljährlich mit dem Rummel des »Vatertags«. Sie nehmen für diesen Tag jedenfalls ihr Leben in die eigene Hand. – Könnten wir das als Christen nicht eigentlich auch tun? Seit dem ersten Himmelfahrtstage müssen wir uns doch ziemlich einsam vorkommen! Aufgefahren in den Himmel heißt doch wohl: Christus ist nicht mehr da, er hat seine Gemeinde allein gelassen, um nicht zu sagen, im Stich gelassen. Fühlen wir uns da nicht sehr verlassen?

Wieviel besser waren da doch die Jünger dran! Sie waren ständig mit Jesus zusammen, hörten seine Worte und sahen seine Taten – selbst noch in den 40 Tagen vor seiner Himmelfahrt. Dieser Möglichkeiten aber sind wir beraubt. Sogar als Auferstandener ist Christus seinen Jüngern noch erschienen, uns erscheint er nicht mehr. Mit seiner Himmelfahrt ist das endgültig vorbei. Christus ist im Himmel, das heißt, nicht mehr auf der Erde. Sind wir angesichts dieser Lage nicht tatsächlich allein gelassen und auf uns selbst gestellt?

Dann aber haben wir auch die Freiheit, unser Leben in eigene Regie zu nehmen. Lassen wir also Christus getrost, wo er ist, jedem das seine: Christus der Himmel, uns aber die Erde!

In der Tat, liebe Gemeinde, mit der Himmelfahrt ist eine entschiedene Grenze gezogen, wenn es im Text heißt: Er wurde vor ihren Blicken emporgehoben, und eine Wolke nahm ihn auf und entzog ihn ihren Augen. – Christus ist also unsichtbar, verborgen. So sehr verborgen, dass selbst die Weltraumforscher ihn nicht finden. Er kommt durch sie auch keineswegs in Verlegenheit, wie etwa der Schachkönig in Platzangst gerät, bis er endlich »matt sitzt«. Nein, so nicht! Wie bekennen wir doch im Glauben? Er sitzt zur Rechten Gottes! Himmelfahrt heißt also: Christus ist bei Gott, dort ist er verborgen. Und nicht erst der Mensch unserer Tage, schon die Bibel weiß: Himmel ist nicht irgendein Bezirk draußen im Weltraum, sondern einfach Gottes verborgene Welt. Wenn man daher vor wenigen Jahren in der ostzonalen Presse lesen konnte »der Sputnik, der seit Monaten unsere Erde umkreist, hat endgültig bewiesen, dass es keinen Gott gibt, denn er hat noch nichts von ihm gemeldet«, so hat man eben Gott am falschen Ort vermutet.

Schön und gut, mögen wir sagen. Aber was hat es mit uns zu tun, wenn Christus bei Gott ist? Was kann seine Auffahrt in den Himmel dann noch uns angehen? Eine ganze Menge! Hören wir einmal genau auf die letzten Worte unseres Textes, auf ihnen liegt hier der Ton. Viermal hintereinander heißt es »in den Himmel«: Sie blickten angespannt zu dem hin, der in den Himmel fuhr; was steht ihr und blickt in den Himmel?; dieser Jesus, der von euch weg in den Himmel aufgenommen worden ist, wird so kommen, wie ihr ihn habt in den Himmel fahren sehen. – Berechtigt uns das nicht zu der Frage: Was macht er eigentlich »in dem Himmel!?

Nun, dass Christus zur Rechten Gottes sitzt, heißt nicht, daß er dort untätig herumsitzt, sondern dass er mit Gott im Regiment sitzt und herrscht. Dass Christus im Himmel ist, bedeutet zwar, dass er mit uns nicht spricht wie mit den Jüngern; es heißt aber, dass er jetzt mit Gott spricht. Und das ist keineswegs eine harmlose Plauderei, die dich und mich nichts angingen. Wenn Christus mit Gott spricht, dann spricht er mit Gott über dich und für unsere Seligkeit. Seinen Tod, den er für dich erlitt, stellt er vor Gott, um dich zu retten. Darum ist es für uns so wichtig, dass Christus in den Himmel fuhr, denn seit diesem Tag ist er unser Fürsprecher vor Gott. Himmelfahrt ist nicht zuletzt um deinetwillen geschehen: Christus vertritt uns vor Gott, er tritt vor Gott für unser Leben ein, er nimmt unser Leben in seine Regie. Also nicht wir selbst, Christus ist der Herr über unser Leben.

Seine Herrschaft besteht aber nun nicht allein darin, dass er unser Vermittler vor Gott ist. Christus herrscht nicht nur dort, er herrscht auch hier. Christus baut sein Reich in dieser Welt, er baut es auch heute unter uns. Wie macht er das? Unser Text sagt: »Ihr werdet Kraft empfangen, indem der Heilige Geist auf euch kommt, und werdet meine Zeugen sein … bis an das Ende der Erde. Christus hat also seine Leute dafür, die an seiner Stelle, in seinem Namen und Auftrag handeln.

Gut so, mögen wir meinen. Christus soll nur fleißig sein Reich durch andere Menschen bauen. Aber ohne mich! Ich verstehe mich auf dieses Handwerk nicht, an mir hätte er da keine Freude und deshalb kann er mich auch gar nicht meinen. – Von wegen! Gerade dich meint er: Ihr werdet meine Zeugen sein! Das ist die Jahreslosung für 1965! Da ist keiner ausgenommen, das geht jeden an. Christus baut sein Reich durch Menschen, er baut es auch heute durch uns. Aber eben nicht nur durch uns, sondern mit uns. Wo Christus herrscht, da will er mit uns herrschen, da will er seine Herrschaft durch uns ausüben. Er, der Herr der Welt, und es gefällt ihm, uns als seine Werkzeuge zu gebrauchen. Handlanger auf dem Bauplatz seines Reiches, das ist unser Auftrag. Auf diesem Bauplatz stellt Christus jeden von uns an seinen Ort, das kann unsere Familie, unser Dorf, unser Land sein. Überall, wo du hinkommst, kann dein Arbeitsplatz für Gott sein.

Handlanger und Werkzeuge seiner Herrschaft sein, das heißt, unser Amt als Zeugen Jesu wahren. Dieses Zeugenamt aber hat mit einem Zeugnis zu tun. Es heißt: Jesus Christus, gestorben, auferstanden und aufgefahren für mich! Dieses Zeugnis soll von uns geglaubt und weitergesagt werden.

Frage: Können wir das so ohne weiteres? Von uns aus niemals! Wie ein Werkzeug stark sein muss und ein Arbeiter auf dem Bau Kraft haben muss, so brauchen auch wir Kraft für unser Zeugenamt. Diese Kraft nennt unser Text Heiliger Geist. Er ist uns von Jesus selbst verheißen, aber damit haben wir ihn nicht einfach. Er lässt sich weder herabzwingen, noch bei uns festhalten. Wir können ihn nur als Geschenk von unserem Herrn bekommen. Das heißt, wir haben ihn nur so, dass wir ihn immer wieder dem Wort Jesu gehorchend erwarten und stets neu empfangen. Anders nicht! Berufung zum Zeugenamt heißt also für uns Bewährung in diesem Amt.

Dieses Amt hat am ersten Himmelfahrtstag begonnen und gilt

bis zu dem Tag, an dem Christus kommt, um sein Reich zu vollenden. Dann wird sich zeigen, was aus unserer Zeugenschaft geworden ist. Darum, bewähre dich darin!

— Amen —

2. Himmelfahrtspredigt aus dem Apostolischen Glaubensbekenntnis

Noch einmal: Himmelfahrt, eine entscheidende Grenze zwischen Christus und uns?

a) Aufgefahren in den Himmel, er sitzt zur Rechten Gottes

b) Predigt

Liebe Gemeinde!

<u>Himmelfahrt bedeutet nicht, dass Jesus von uns geht,</u> Abschied nimmt, uns verlässt, wir also allein gelassen sind, sondern im Gegenteil, dass er uns unheimlich nahe kommt.
    Das Wort Himmelfahrt« darf uns hier nicht stören. Es ist sogar mitunter missverständlich und geht trotz seines hohen Alters ein wenig an der Pointe vorbei. Die Menschen der Alten Welt haben sich den Himmel und damit freilich auch die Himmelfahrt Christi im Rahmen des Bildes vorgestellt, das sie von der Welt hatten. Für dieses Weltbild war die Erde eine Scheibe, über der sich die gläserne Kugel des Firmamentes wölbte. Gott war oben, die Erde war unten. Die Botschaft vom Himmel und von der Himmelfahrt

Christi ist also in die Vorstellung eines vergangenen Weltraum-Bildes eingekleidet. Die Botschaft selbst indessen ist aber viel mehr als diese Vorstellung. Darum wartet diese Botschaft darauf, von uns in einen neuen Rahmen gefügt zu werden.

Die englische Sprache kann uns hier helfen. Sie unterscheidet »Sky« von »Heaven«. Beides heißt Himmel, doch in ganz verschiedenem Sinn. Sky ist der atmosphärische Himmel, der Himmel der Wetterkarten, der nächtliche Sternenhimmel, der blaue Himmel, in den man bei schönen Tagen schaut. Heaven dagegen spricht vom Thron Gottes.

Er ist nicht einfach oben, man erhebt nicht seine Augen zu ihm, sondern er umgibt uns von allen Seiten. Heaven ist kein oberer Raum, in den wir blicken, sondern gewissermaßen die Rückwand, vor der wir leben. Die alten Maler der Ostkirche haben das gewusst, wenn sie den Himmel nicht blau, sondern golden malten und ihn als Hintergrund für das menschliche Antlitz wählten. Heaven ist die alles umgreifende Herrschaft Gottes, in der wir mittendrin stehen.

Genau dieser Himmel, der Heaven, ist hier gemeint. Diese Erklärung von »Himmel« ist also keine Erfindung moderner Pastoren, weil sie sonst beim Thema Himmelfahrt nicht weiter könnten. Schon Dr. Martin Luther hat es so gesehen; das mag uns immerhin ein gewisser Trost sein. Leuten, die sich Christus wie mit einem Fahrstuhl »gen Himmel fahrend« vorstellen, kann er gelegentlich zurufen:»Was es aber ist: Christus gen Himmel fahren und sitzend zur Rechten Gottes, wissen sie nicht. Es geht nicht also zu wie du aufsteigest auf einer Leiter ins Haus, sondern das ist's, dass er über allen Kreaturen und in allen Kreaturen und außer allen Kreaturen ist.«

Er ist eben nicht in den blauen atmosphärischen Himmel aufgestiegen, sondern er ist in jenen goldenen Hintergrund eingegangen, den die Ikonen der Ostkirche meinen. Die Grenze zwischen Gott und uns, die in der Weihnachtsgeschichte überwunden wurde, wird nur bei der Himmelfahrt noch einmal und auf neue Art durchbrochen. Denn dass Christus zur »Rechten Gottes erhöht« ist, bedeutet, dass er nun überall ist oder wie Luther sagt: über allen, in allen und außer allen Kreaturen. Als Jesus damals über diese Erde ging, war er nur wenigen nahe. Seine Anwesenheit war zeitlich und räumlich begrenzt. Nur wenige hörten sein Wort. Heute können seine Worte in der ganzen Welt vernommen werden. Damals durfte ihn nur eine Handvoll seiner Freunde bitten: »Herr, bleibe bei uns, denn es will Abend werden.«

Heute dürfen sich Millionen Hände falten. Und wo zwei oder drei in seinem Namen zusammen sind, sei es an der Asse (Atom-Abfalllager bei Braunschweig: Asse II) oder in einer sibirischen Bauernkate, da will er mitten unter ihnen sein. Er geht durch die Türen unserer Häuser, durch die Mauern der Zuchthäuser und durch die Stacheldrähte der Weltanschauungen.

Himmelfahrt ist das Fest der Herrschaft Jesu; es ist das Fest meiner Lebensfahrt unter dem geöffneten Himmel. Ich weiß zwar nicht, warum ein Flugzeug mit Touristen zerschellt, warum Bergleute in ihren Schächten zerquetscht werden und ein kleines Kind überfahren wird. Ich weiß nicht, was geschieht, aber ich weiß um das Thema, in dessen Namen es geschieht. Ich kenne das Herz dessen, der die Geschichte meines Lebens zusammenhält und ihrem letzten Akt entgegen führt. Jesus Christus, das ist das Thema der Welt, das Thema meines Lebens und meines Sterbens. Damit wissen wir zugleich: Die Welt zerfällt nicht in zwei Hälften, in sog. christliche Zonen, in denen die Parteigänger Gottes angesiedelt wären, und in andere Zonen, in denen die Gegner Gottes regieren und in denen dieser Herr nichts zu suchen und nichts zu sagen hätte.

Gibt es eine Botschaft, die uns mehr bringen könnte als die Nachricht, dass in der Hand dieses Einen Liebe und Macht vereint sind? – Darum sollten wir wissen, wo der Ort unserer Geborgenheit ist. Wir leben im Namen einer Vollendung, die bei Gott schon bereitet ist und die sich bei uns erst vorbereitet. Wir singen zwar: Ehre sei Gott in der Höhe! Wir könnten auch singen: Ehre sei Gott in der Tiefe! Denn auch in der Tiefe unserer Not ist er. Gerade diese Tiefe ist der Ort, wo er uns mit seiner Nähe umfängt. Das heißt »Aufgefahren gen Himmel, sitzend zur Rechten Gottes« (alte Form des Apostolischen Glaubensbekenntnisses). Amen.

3. Predigt zum Reformationstag; Römer 3,21–28

Gott entscheidet sich für uns, wir können und dürfen uns für ihn entscheiden.

a) Textübersetzung

Nun aber ist ohne Zutun des Gesetzes die Gerechtigkeit, die vor Gott gilt, offenbart, bezeugt durch das Gesetz und die Propheten. Ich rede aber von der Gerechtigkeit vor Gott, die da kommt durch den Glauben an Jesus Christus zu allen, die glauben.

Denn es ist hier kein Unterschied: Sie sind allesamt Sünder und ermangeln des Ruhmes, den sie vor Gott haben sollen, und werden ohne Verdienst gerecht aus seiner Gnade durch die Erlösung, die durch Christus Jesus geschehen ist.

Den hat Gott für den Glauben hingestellt zur Sühne in seinem Blut zum Erweis seiner Gerechtigkeit, indem er die Sünden vergibt, die früher begangen wurden in der Zeit der Geduld Gottes, um nun, in dieser Zeit, seine Gerechtigkeit zu erweisen, auf dass

er allein gerecht sei und gerecht mache den, der da ist aus dem Glauben an Jesus.
Wo bleibt nun das Rühmen? Es ist ausgeschlossen. Durch welches Gesetz? Durch das Gesetz der Werke? Nein, sondern durch das Gesetz des Glaubens. So halten wir nun dafür, dass der Mensch gerecht wird, ohne des Gesetzes Werke, allein durch den Glauben.

b) Predigt

Liebe Gemeinde!

Das Kapitel 3 des Römerbriefes von Paulus scheint mit allen Wassern gewaschen zu sein und es faustdick »hinter den Ohren« zu haben. In den Versen vor unserem Text steht nämlich das Gegenteil: Das ist »unser Platz vor Gott«, so ein Kommentator, die reinste Hölle: Da ist keiner, der gerecht ist vor Gott, steht da. – Ist das denn gerecht, an irgendeinem Menschen keinen guten Faden zu lassen? Gibt's da keine Ausnahmen, keine Zwischenlösungen? –

Da schleicht sich ein Mörder nach der Tat noch einmal nach Hause, weil er vergessen hat, an diesem Morgen seinem Kanarienvogel Wasser zu geben!

»Um Gottes Willen«, könnte Paulus sagen: »Da ist keiner, der Gutes tut, auch nicht einer. Ist das wirklich unser Platz vor Gott?« Schrecklich!

Da erzählt ein Verbrecher: Die schwerste Stunde beim Eintritt ins Gefängnis ist, alles abgeben zu müssen: Kamm, Spiegel, Bleistift, Messer, Geldbörse, Uhr und Kleider. Nackt, enteignet, keine Person war er mehr. Ist das unser »Platz vor Gott«? Alle Perlen sind uns genommen, mit einem Sträflingskleid angetan stehen wir vor Gott! In der alten Fassung der Parallel-Geschichte über die Einladung zum Gastmahl (Matth. 22) heißt es: »Freund, wie bist du hereingekommen und hast kein hochzeitliches Kleid an?!«

Über den Predigttext hat man bisher den Eindruck: Im Römerbrief geschieht eine Abrechnung bis auf den letzten Heller – zwischen Gott und Mensch. Na bitte, also offenbar alles genau so wie bei unserem Leistungsprinzip. Alles wird nach Leistungen beurteilt.

Aber nein doch, liebe Gemeinde, hinter all unserem Leistungsfimmel verbirgt sich mehr: Das eigentlich Schöne in unserem Leben kann nicht durch Leistungen erkauft werden. Es ist vielmehr gratis zu haben, z. B.:

ein unbeschwerter Abend im Urlaub,
ein gutes Gespräch unter echten Freunden,
ein von Herzen kommender Kuss,
ein freundlicher, dankbarer Brief …

Das alles, liebe Gemeinde, ist ein Geschenk, das man nicht herbeizwingen kann.

Und deshalb bleibt auch der Text von der Schuld aller Menschen vor Gott (Röm. 3,9–20) nicht so stehen, sondern hat mit unserem Predigttext ab Vers 21 eine über alles Erhabene und heilsnotwendige Fortsetzung, eingeleitet mit den Worten »Nun aber«!

In einer Aufführung der h-moll-Messe von Johann Sebastian Bach (die ich in der Basilika von Kloster Eberbach/Rheingau erlebte) entsteht im Glaubensbekenntnis nach den Worten »Jesus begraben« eine lange Pause. –

Dann bricht das gesamte Ensemble in einen nicht zu überhörenden, alles übertönenden Jubel aus: Er ist auferstanden!!!

Was hat das mit unserem Text zu tun?

Paulus will sagen: Die dramatische Geschichte zwischen Gott und Menschheit, von der bereits schon das ganze Alte Testament erzählt, hat zu einem Höhepunkt geführt, mit dem trotzdem niemand rechnen konnte:

Jesu Sterben am Kreuz und seine Auferstehung. Damit, so Paulus im Römerbrief, hat Gott öffentlich bekannt gemacht (H. G. Lubkoll drückt es in einem Kommentar zum Text so aus):
1.) Ich, Gott, habe beschlossen, dass der Mensch nicht mehr mit seiner Leistung stehen oder fallen soll. Seine Kirchlichkeit, sein religiöses Leben, seine bürgerliche Wohlanständigkeit, sein sozialer Eifer, das alles ist für mich ohne Belang.
2.) Ich, der lebendige Gott, habe beschlossen, meine eigene Gerechtigkeit durch Jesus Christus auf die Menschen zu übertragen, die bereit sind, dieses unverdiente Geschenk anzunehmen; die Menschen müssen lediglich begreifen, dass meine herzliche Zuneigung nur gratis zu haben ist. Niemand kann sie sich verdienen.

Davon, liebe Gemeinde, spricht der Apostel Paulus, wenn er sagt: »Wir werden ohne Verdienst gerecht aus seiner Gnade durch die Erlösung, die durch Christus Jesus geschehen ist.« Also gratis.

Zurück – alles, was unser Leben schön und lebenswert macht, ist nicht machbar, sondern nur gratis zu haben. Davon ahnen auch wir immer wieder etwas; das erfahren wir sogar, das erreicht uns von Gott; noch einmal so gesagt:
a) Ich nehme dich an, lieber Mensch, so wie du bist, ohne Bedingung.
b) Auch lege ich dir keinerlei Bewährungsfristen auf; du kannst dich sofort bei mir bergen.
c) Ich ganz persönlich, ich bin also bejaht, ich bin angenommen, jemand mag mich.

Wir kommen zum Schluss. Wie ist das nun? Hat Gott doch ein Auge zugedrückt? Eine Notfall-Einlieferung, ein Abrücken von der Sünde. Die Sünden als Gottes Fehler an uns armen Menschen? – Keineswegs.

Paulus redet unbefangen und sehr direkt über das heikle Thema Sünde. Paulus kann aber ganz gelassen darüber sprechen; er kann sich das leisten, weil er weiß: die Sünde, die wir unser Leben lang mit uns herumtragen, wird uns nicht mehr angekreidet. Paulus redet über die Sünde wie ein Mensch, der eine lebensbedrohliche Krankheit hinter sich gebracht hat und nun weiß, dass er davongekommen ist.

Ergebnis:

So wird abgerechnet bis auf den letzten Heller. Gott nimmt unsere Schuld von uns und setzt sie auf Christi Schuldkonto. Christus hat sich für uns enteignen lassen. So sind hier Kleider gewechselt worden, das ist Gottes Gerechtigkeit, seine Gnade. So wird reiner Tisch gemacht zwischen Gott und uns. –
  So hat Gott uns Ungerechte gerecht gemacht, uns Schuldige freigesprochen. Das dürfen wir ihm glauben, dann geschieht es an uns. – Amen –

4. Osterpredigt (Markus 16, 1–8)

Seit der Auferstehung geht für uns einiges nicht mehr. Unser neuer Weg wird von dem Vorangehenden bestimmt.

a) Textübersetzung

Und als der Sabbat vergangen war, kauften Maria Magdalena und Maria, die Mutter des Jakobus, und Salome wohlriechende Öle, um hinzugehen und ihn zu salben. Und sie kamen zum Grab am ersten Tag der Woche, sehr früh, als die Sonne aufging. Und sie sprachen untereinander: »Wer wälzt uns den Stein von des Grabes Tür?« Und sie sahen hin und wurden gewahr, dass der Stein weggewälzt war, denn er war sehr groß. Und sie gingen hinein in das Grab und sahen einen Jüngling zur rechten Hand sitzen, der hatte ein langes weißes Gewand an, und sie entsetzten sich. Er aber sprach zu ihnen: »Entsetzt euch nicht! Ihr sucht Jesus von Nazareth, den Gekreuzigten. Er ist auferstanden, er ist nicht hier. Siehe da die Stätte, wo sie ihn hinlegten. Geht aber hin und sagt seinen Jüngern und Petrus, dass er vor euch hingeht nach Galiläa; da werdet ihr ihn sehen, wie er euch gesagt hat.« Und sie gingen hinaus und flohen von dem Grab; denn Zittern und Entsetzen hatte sie ergriffen. Und sie sagten niemand etwas; denn sie fürchteten sich.

b) Predigt

Liebe Gemeinde!

Der Heimlich-Tuer Markus, er macht immer ein Geheimnis um den Messias. War er's oder war er's nicht? Wir sollen es selbst herausfinden. Die Erzählung von Markus über Ostern ist ebenfalls sehr zart und vorsichtig. Er weiß nicht, wie er es sagen soll: der Leichnam Jesu ist irgendwie weg, aber nicht gestohlen, um dann seine Auferstehung zu behaupten!

Was er erzählt, klingt auch nicht logisch: erst kaufen die Frauen teuere Öle zur Salbung des Toten: dann erst denken sie: Wer soll uns den schweren Stein vom Grab rollen? Und was Markus am Schluss sagt, stimmt einfach überhaupt nicht: Die Frauen sagten niemandem etwas? Doch, das ist gerade mit der Erzählung geschehen – selbst wir haben sie heute!

Merkwürdig also, wie mit vorgehaltener Hand will er offenbar ein Geheimnis lüften. Der Leichnam ist nicht mehr da. Und diese Tatsache lässt er von einem anderen deuten. Wer ist das? Ein Dolmetscher, ein junger Mann, ein Engel? Ja, ein Engel muss es wohl sein:

Ihr sucht Jesus von Nazareth, ach so, ihr wollt seinen Tod feststellen, euch so von ihm trennen, mit dem Verlust abfinden und wieder im Leben der harten Tatsachen einrichten?

Nichts da, ihr sucht umsonst, er ist auferweckt. – Was heißt das?

Von ihm kann man sich nicht ablösen. Den ganzen Gang der Menschheitsgeschichte, den weiteren Weg unseres Lebens wird er von nun an begleiten. Das sind die neuen harten Tatsachen, die jetzt gelten. Wir müssen damit rechnen, von nun an mit Jesus von Nazareth, dem Gekreuzigten, zu leben. Wir werden ihn nicht mehr los. Schrecklich, wenn man einen Toten nicht mehr loswerden kann. Diesen Toten! Man muss sich einmal die ungeheuren Folgen vorstellen:

Wir wollen doch selbständig arbeiten, wissenschaftlich handeln, phantasievoll gestalten;

wir verteidigen gern unsere Lebensart, wir stellen uns gern in den Mittelpunkt; – selbst zu bestimmen, alles selbst zu beherrschen, das reizt uns. Da gibt es unser biologisches Verhalten, unser militärisches Verhalten, unser industrielles Verhalten, unser berufliches Verhalten. –

Mit dem allem wollten wir bisher oder meistens unser Christentum auf Abstand halten, d. h. Umfang und Grenzen unseres Lebens möglichst selber bestimmen und alles Christliche aussen vor lassen.

All das geht jetzt nicht mehr. Wir werden den Toten nicht mehr los. Das ist schon ein Grund zum Davonlaufen, wie es hier im Text auch bei den Frauen geschah. – Worauf können wir uns noch verlassen, wenn die Grenze zwischen Leben und Tod nicht mehr stimmt? Jedes menschliche Leben wird von jetzt an und von dem toten Lebendigen gemessen. Grausig!? Der Auferstandene lässt sich nicht abschütteln. Sein Vorbild treibt uns in die Enge, und zwar etwa:

Bei jeder Verarbeitung von Atomenergie, bei jedem Eingriff in die Erbanlagekette, bei jeder politischen, beruflichen, wirtschaftlichen und gesellschaftlichen Entscheidung.

Ungeheure Folgen der Auferstehung Jesu für unser Leben!

Vor lauter Erschrecken ist bei den Frauen offenbar noch etwas Wichtiges untergegangen. Der engelhafte Dolmetscher hat seinen Hinweis auf die Auferstehung noch ergänzt: »Aber geht hin und sagt es seinen Jüngern und vor allem dem Petrus, dass er euch nach Galiläa vorangehe! Dort werdet ihr ihn sehen, wie er zu euch gesagt hat.«

Kern der Osterbotschaft, was bedeutet das?

1. Der gekreuzigte Lebende legt ihnen eine Spur.
2. Er wartet darauf, sie alle am Ende der Wanderung zu sehen.

3. Die Jünger ihrerseits können sich freuen, dass auch sie ihn wiedersehen werden in seiner Herrlichkeit. Da werden die Jünger am Ziel sein.

Wenn Ostern auch uns angeht, müssten wir jetzt nur noch eines wissen: Was ist Galiläa für uns und wo liegt es? Galiläa ist nicht einfach nur die bitterarme kleine Nordprovinz des alten Israel (wo Jesus schon früher mit den Seinen war und dann als Auferstandener ihnen schon einmal erschien).

Galiläa ist kein Land der Erdkunde, sondern es ist überall da, wo Jesus seine Spur legt. Alle sind noch auf diesem Weg, folgen ihm noch dorthin. Und er wird sie dort willkommen heißen. – An wen also richtet sich die Rede des Dolmetscher-Engels?

Die Rede des Dolmetscher-Engels geht an alle, die der Kreuzigung Jesu am Grab standhalten, an alle, die daran erfahren: So geht es nicht weiter, mit uns und mit der Welt.

Die Rede des Dolmetschers stellt alle zu Wandergruppen zusammen. Und diese Wandergruppen sind den Gräbern der Welt abgewandt, auch dem Grab Jesu. Das bedeutet: Auf dieser Wanderung orientiert sich niemand an Gräbern und am Tod. Die Wandergruppe ist stets nach vorne gekehrt, in die Zukunft, auf dem Weg ins Leben. Das meint Galiläa.

Wie geht es uns auf diesem Galiläa-Weg? Erst einmal schlecht!

Er führt die Wandernden durch dunkle Täler, Angst, soziale Not, Krankheit, Arbeitslosigkeit, Hunger, Schwäche, Schuld. Die Wanderer sehen das alles und sie helfen auch anderen, soweit sie können. Doch sie erfahren selber immer wieder eigene Ohnmacht. Sie führen kein besseres Leben als das, was sie bei anderen sehen. Ein rauhes Leben.

Aber: Die Wanderung hat eine Richtung! Vom Ziel her gehen Signale aus:

I) Der vorangehende Jesus hält so seine Wandergruppen zusammen: Er hat ein Auge auf sie!

II) Er lässt sie wissen: der Weg wird für sie nie zu schwer werden, denn er kennt ja die Spuren.
III) Er verspricht ihnen: Kein Abirren vom Weg kann sie so verbiegen, dass er die Freude an ihnen verliert.
IV) Er macht ihnen Mut, ihre Gruppen weiter zu öffnen, noch mehr Leute können mitgehen. Er wartet auf viele, ja alle.

Das alles steckt in dem kleinen Satz mit dem Stichwort: Galiläa. Dort wartet er am Ende der Wanderung auf uns:
So lassen wir uns doch mitnehmen auf diesem Wege, auf diesem österlichem Weg, in ein österliches Leben. – Amen –

5. Einladungspredigt (Lukas 14,16–23)

Erkenne deine Stunde! Die Sache mit mir hat Gott sich für jetzt überlegt. Von später hat er nichts gesagt.

a) Umschreibung des Textes

Jürgen Koerver, rhein. Kindergottesdienst-Pfarrer, hat in seinem Buch »Die verlorene Drachme«, Verlag Junge Gemeinde, Stuttgart, 1982, hier S. 72 ff., biblische Erzählungen in Szenen »mit Sprechchor« umgesetzt, auch die heutige vom großen Abendmahl, bei dem sich die Geladenen entschuldigten. Jetzt lernen wir den Gastgeber erst richtig kennen. Die Kindergartenkinder, denen meine Frau biblische Geschichten erzählte, folgten nun (anstatt der sonstigen Textverlesung des so bekannten Gleichnisses) dem Vorschlag Koervers.

Anders als im biblischen Text, wo die Erstgeladenen und die

anderen sich unterscheiden, wechseln dabei die gleichen Zuhörer im Laufe der Geschichte ihre Rollen. Das ist reizvoll für die Anwendung auf uns: Denn in uns selbst ist oft beides vorhanden: Wir wollen, wollen nicht, gleich, lieber, später oder nie!?

Der Koerversche Sprechchor spricht von einem tollen Fest, bei dem alles bis aufs letzte stimmt. Der Hausherr legt größten Wert darauf, dass alle Geladenen auch wirklich kommen!
Doch das Gegenteil ist der Fall. Was muss er hören?
Keine Zeit!
Keine Lust!
Viel Arbeit!
Geschäfte!

Darüber ist der Hausherr zwar traurig, zornig, doch – wenn die alle nicht kommen, dann ruft er eben die anderen zum Fest.
Diese anderen aber – sind wir selber! Wir werden jetzt gefragt: Ich – bin ich bereit?
Ich bin doch krank und – ich soll kommen?
Ich bin doch alt und – ich soll kommen?
Ich bin klein und – ich soll kommen?
Ich bin traurig und da soll ich kommen?

»Ja«, sagt der »Erzähler«: Alle sind gemeint. »Kommt alle zum Fest, mein Herr hat eingeladen. Es ist alles fertig.«

b) Predigt

Liebe Gemeinde!

Die Kinder haben gezeigt, was die Eingeladenen mit der Einladung des Gastgebers machten: Keine Zeit, keine Lust, bin beschäftigt, noch völlig gestresst! Noch! Denn es geht wohl nicht um typische Ausreden, schroffe Ablehnung (wie oft vermutet), sondern um Entschuldigungen für ein Später-Kommen! Alles ist noch zu früh, das Fest kommt erst auf Touren, das eigentliche Nachtessen (mit Hauptgang und Fleisch) läuft nicht weg. U. A. w. g? Längst passiert! Wir stellen uns schon noch ein. Nur Gemach. –
Ich habe daher Dispositionen gewählt, die von drei Seiten den Text angehen:
1. Frust, Ernst und Mut des Gastgebers.
2. Der doppelte Boden der Gleichnisgeschichte.
3. Jesu Lebenspraxis und ihre weitreichenden Folgen für uns.

Zu 1.: Wir werden schon noch erscheinen. – Nein, liebe Gemeinde, der Gastgeber bekommt so erst einmal drei Körbe von seinen besten Freunden. Bin ich meinen Freunden so wenig wert? Was für ein tolles Fest habe ich für sie geplant. Einen schönen Abend wollte ich ihnen machen. Wir können ihn so gut verstehen. Würden Sie solche Gäste, die nur darauf aus sind, später das Fleisch des Hauptganges verschlingen zu wollen, noch einmal einladen? Ja, soll der Gastgeber nicht das ganze Fest abblasen, so könnte er sich mit Recht fragen. Doch der Mann, von dem Jesus erzählt, ist anders. Er lässt die Sonne über seinem Zorn nicht untergehen. Er hat einen Einfall. Er besitzt Phantasie und Mut, seine Einladung noch einmal auszusprechen, und zwar an die, die nur darauf warten, dass sie einer einlädt. Menschen, die dem Duft des »Festbratens« (Kommentator) sofort nachspüren, auch wenn letzterer erst noch später erfolgt. So kam es denn auch und der

Gastgeber hatte »keine Küchensorgen« (E. Fuchs: Hermeneutik; Mohr, Tübingen 1970, S. 224 ff). Sein Fest findet auf jeden Fall statt.

Bisher gab es zwei Überraschungen, liebe Gemeinde:
a) Die kurzfristige Absage der Gäste, mit Vertröstungen auf später;
b) die schnelle Umdisponierung des Gastgebers.

Zu 2.: Hier merken wir spätestens und doch voller Spannung: Die Text-Rede hat einen doppelten Boden. Jesus erzählt nicht von irgendeinem phantasiereichen Gastgeber, sondern selbstverständlich von Gott und von uns. M. a. W.: Bei dem Festtreffen sind nicht die Christen die Gast-Geber; und: sein Gastmahl findet im Reich Gottes statt. Die Einladung dazu aber erfolgt bereits hier und besagt: Es gibt Augenblicke, die kommen so nicht wieder. Erkenne deine Stunde, ergreife deine Chance!

Es handelt sich um deine Sache. Gott kennt so gesehen keine Werte-Schleifen. TOP, die Wette gilt! Wetten, dass es sich um dein Heil handelt?! – So ist Gott unbeirrbar stur – aber in seiner nachgebenden Liebe. Er zielt mit dieser Liebe direkt auf dich und mich. Dabei geht es nicht darum, dass ich mir irgendwann die Sache mit Gott überlege, dass ich Ihm verspreche, irgendwann meine erfreulichsten Voraussetzungen, Gaben und Begabungen, Nächstenliebe, Schwung, Einsatz und Gestaltungswillen endlich mit einzubringen. Sondern darum geht es: Die Sache mit mir hat er sich für jetzt überlegt und vorgenommen! Das hat Er sich in den Kopf gesetzt. Später?? – Das Angebot gilt jetzt und allen. »Von einem späteren Treffen auf den sanften Auen des Rentner-Daseins« (Kommentator) hat er nichts gesagt.

Zu 3.: Jetzt und allen! Das bringt mich auf Jesu Lebenspraxis. Sie durchbricht die Bannmeile der scheinbar Frommen. Sie ist das Modell für eine Phantasie und Energie, die sich

a) mit ignorierten Einladungen nicht resignativ abfindet, sondern zu Menschen und Gruppen durchstößt, die sich ansprechen lassen und einladen lassen, und:
b) die uns zugleich eine Motivation an die Hand geben, sich durch Rückschläge, Enttäuschungen und Ablehnungen nicht entmutigen zu lassen.

Was folgt daraus?

Wer ohne Zweifel und unbeirrt glaubt, dass Gott an seiner Einladung an alle festhält und in Jesus Christus uns sucht und besucht, kann hier und heute sein Leben als Einladung zum »Fest ohne Ende« zu gestalten beginnen. Noch einmal anders und einen Schritt tiefer gehend: Die Kinder sprachen: Ich bin krank, alt, traurig, soll ich kommen? Diese Erinnerungen an »Arme, Krüppel, Blinde, Lahme« im Text weist eigentlich auf die, die den nahen Tod befürchten! Aber es geht in dieser Geschichte um keine Henkersmahlzeit oder Todesfeier, sondern um Gottes Fest, der in seinem Reich überraschend dort Leben schenkt, wo man nur noch den Tod befürchtet bzw. erwartet. Gottes Fest ist der Sieg des Lebens über den Tod. – Mein schon hier beginnendes »Fest ohne Ende« heißt also: Was früher für mich Leben war, ist jetzt toter Betrieb. Wo ich früher den Tod befürchtete, wird nun wahres Leben geschenkt.

Diese tiefere Aussage des Gleichnisses ist also mehr als einfach ein Modell kirchlicher **Einladungspraxis.**

Im Zusammenhang des Festes Gottes mit der Einladung seiner Lebensbotschaft für uns möchte ich zum Schluss noch Versuchungen entgegentreten und auch Fragen stellen.

1. Geben Sie sich nicht zufrieden mit dem, was in den Gemeinden so »läuft«.
2. Die Abseitsposition des Gottesdienstes ist mit der Ableh-

nung dieser Lebensbotschaft selbst nicht ohne weiteres gleichzusetzen.
3. Gottesdienst, Gemeinde und Kirche sind gleichwohl hervorragende Orte, um unser Fest in der Nähe Gottes zu feiern.
4. Leere Stühle in Kirche und Gemeindehaus sind nicht mit dem Hinweis »glaubensarme, gottlose Welt« abzutun. Trotz Statistiken bleibt festzustellen: Weder hohe noch niedrige Zahlen lassen einen Rückschluss zu auf den Grad der Lebendigkeit einer Gemeinde.

Fragen aus der Vergangenheit und für die Zukunft

I) Gaben oder geben wir die richtige Einladung an die richtigen Leute weiter? Sind wir drinnen unter uns oder auch draußen »auf den Landstraßen und an den Zäunen« bei den anderen? Nicht nur die Institution allein kann Phantasie und Mut zu unkonventionellen Arbeitsformen aufbringen. Wir selbst sind die glaubwürdige Einladung – oder nicht!

II) Machen wir unserer Umwelt deutlich, dass bei uns noch Platz ist und was wir eigentlich tatsächlich machen. Muss die PR-Forschung uns erst darauf bringen?

III) Sind die Generationen bei uns freundlich zueinander? Denn Jesu Einladung richtet sich ja bekanntlich an alle Generationen und sozialen Schichten.

IV) Durch die Gemeinde lädt Christus Menschen ein. Soll man, kann man allen alles bieten? Nach dem Maßstab werden nämlich häufig unsere gemeindlichen Angebote zu einem umfangreichen Speisezettel zusammengestellt. – Aber wird dabei auch deutlich, dass die Einladenden selbst aus der Einladung ihres Herrn leben? Auch Ehrenamtliche, Kirchenvorstände und Pfarrer?

Angesichts der schleichenden, institutionellen Krise fragen wir natürlich: Was wird einmal aus der Kirche, wenn wir nicht mehr sind? – Deshalb, liebe Gemeinde, ist es gut, sich stets an Anspruch und Verheißung zu erinnern, unter denen die Kirche steht:

Christus meldet sich durch die Kirche zur Tagesordnung der Welt, gibt durch sie, zur Zeit oder zur Unzeit, seine Einladung an alle weiter und lässt den »Duft des Festbratens« durch Räume, Landstraßen und Zäune ziehen. Im »Duft«, d. h. in der Atmosphäre dieser Einladung sollen wir ständig stehen, so dass die »Chemie«, das Fluidum zwischen Gott und uns stimmig wird und wir wissen, wohin wir gehören, an den Tisch des Herrn, in seine Gemeinschaft. – Zwei ganz verschiedene Beispiele dazu:

A) Obwohl wir kein Wort Finnisch sprechen, haben meine Frau und ich beim Gottesdienst im Dom von Helsinki durch das Weiterreichen eines einzigen Gesangsbuches an uns etwas von diesem Fluidum gespürt.

B) Obwohl auch ausländische Kinder in unserem Kindergarten stets dabei waren, fragten die Kinder meine Frau zwischen ihren Erzähltagen: »Wann ist wieder Jesustag?« – »Gott zeigt sich nicht, aber er spricht mit uns.«

Ja, liebe Gemeinde, Erneuerung in der Kirche geschieht oft unerwartet, am Rande der etablierten Kirche. Gott hat keine Küchensorgen. Seinen guten Geist und seine Liebe will er jetzt und erneut auf uns ausgießen.

Dem Ruf zu folgen, das Fluidum zu spüren, die Chemie zwischen Gott und uns stimmiger werden zu lassen und zu wissen, wohin wir gehören, an den Tisch unseres Herrn und in seine Gemeinschaft, das sei der »fromme« Wunsch für meine Gemeinde.
– Amen –

6. Hingabe-Predigt, Markus 12, 41–44

Von Geld ist hier eigentlich gar nichts gesagt, sondern vom Leben: unsere ganze ungeteilte Hingabe an Gott.

a) Textübersetzung

<u>Vers 41</u>: Und er (Jesus) setzte sich dem Opferkasten gegenüber und schaute zu, wie die Volksmenge fortwährend Geld in den Opferkasten legte. Und viele Reiche legten viel ein.

<u>Vers 42</u>: Zur gleichen Zeit kam auch eine arme Witwe und legte zwei Heller ein, das ist ein Pfennig.

<u>Vers 43</u>: Und er rief seine Jünger herbei und sprach zu ihnen: »Wahrlich, ich sage euch: Diese arme Witwe hat mehr eingelegt als alle, die in den Opferkasten einlegten.

<u>Vers 44</u>: Denn sie alle haben von ihrem Überfluss eingelegt, diese aber hat von ihrem Mangel eingelegt alles, was sie hatte, ihr ganzes Leben.«

Anmerkung zur Textübersetzung:
  Alle Übersetzer sprechen (einschl. Luther) irgendwie nur bei Vers 44 im Sinn von »Tagesunterhalt«. Das ist nicht genug und entspricht m. E. nicht dem Text-Willen. Ich habe mich daher an die wörtliche Übersetzung aus dem Griechischen gehalten: »ihr ganzes Leben«.
  Nur so wird die tiefere Perspektive des Textes klar.

b) Predigt

Liebe Gemeinde!

Eine Sage erzählt von einer Burg, die nach langer Belagerung kurz vor dem Zusammenbruch steht, weil drinnen die Vorräte zur Neige gehen. Da hat einer der Belagerten eine Idee, der die anderen zustimmen. Danach werden die letzten Vorräte auf die Mauer geschafft, alle Belagerten kleiden sich in ihre Festgewänder und unter Musik und Böllerschüssen (die letzten Gramm Schießpulver) werfen sie im scheinbar fröhlichen Überschwang die restlichen Säcke mit Vorräten auf ihre Feinde hinab. Verwirrt von dem lärmenden Treiben lassen diese sich täuschen. Resigniert und entmutigt ziehen sie in der folgenden Nacht ab.

An diese Geschichte musste ich denken, als ich über die Szene bei Markus nachdachte. Setzt diese Frau nicht auch alles auf eine Karte? Keine Rücklage für alle Fälle, kein Gedanke, ob der Preis den Einsatz rechtfertigt. Mit geschlossenen Augen wirft sie sich Gott in die Arme. –Was heißt das im Einzelnen?

In der Schar der Tempelbesucher fällt die Witwe mit ihrem Scherflein kaum auf. Bei der Abrechnung der Kollekte in der Sakristei haben die paar Pfennige nicht das geringste Gewicht. Gewicht hat nur das, was man zählen und messen kann – und das zu Messende macht den einen kurzen Augenblick der Begegnung Jesu mit dieser Frau so einzigartig. Für Jesus haben die Pfennige der Witwe ein enormes Gewicht. Er weiß, dass sie mit dem, was für uns nichts ist, alles gibt, was sie hat. In dieser einen Geste, in ihrem Handeln nimmt das Gestalt an, was er immer wieder zu beschreiben sucht, wenn er vom »Reich Gottes«, von der Herrschaft Gottes spricht. Nicht was man zählen, messen und wiegen kann, entspricht der Herrschaft Gottes, sondern mit ihrer Gabe hat sie sich selber hingegeben, sich losgelassen, in einem schier grenzenlosen Vertrauen aus der Hand gegeben, sich verletzlich gemacht. Was bedeutet das für uns, für mich? Ich möchte mich anstecken lassen von solchem Vertrauen und Verhalten. Ich möchte auch so leben. Ich möchte geben können – nicht aus dem Überfluss heraus, wo es mir nicht wehtut, sondern aus dem Mangel heraus, den ich zu spüren bekomme, wenn es vielleicht das letzte Geld war oder das einzige Stück Brot oder die letzte Kraft, die ich hatte, die einzige freie Stunde an diesem Tag. Nicht verbittert möchte ich geben, nicht verärgert, weil ich mich nun ärmer und um etwas betrogen fühle, sondern so wie diese Frau.

Doch es gibt Tage, da merke ich, wie ich dieses »Wunschbild« nicht erreiche, dass ich weit zurückbleibe hinter dieser Haltung. Ich merke, wie ich festhalte, wie sich etwas bei mir verhärtet und verkrampft. Dann erleben mich andere nicht als echt. Statt mich hinzugeben und loszulassen, stelle ich mich über andere und mache mich mit vielen Worten unverletzlich: ich kann das nicht! Eine Kollekte zu geben ist leichter! Schuldgefühle packen mich! Das spontane Opfer dieser Witwe überfordert mich. Mit der verbissenen Redewendung »Das lasse ich mir nicht nehmen« verteidige ich mich, was mir wichtig ist: Besitz und Prestige, Freizeit und Hobby, mein Lebensgefühl und meine Vorstellungen von Glaube und Frömmigkeit, meine Familie und meine Ab- und Versicherungen für sie und mich. Was fange ich damit an, wie komme ich hier weiter?

Mir fällt auf, dass Jesus für diese meine Gedankenspiele gar keine Argumente liefert. Kein Wort davon steht im Text: Das musst du ganz genau so tun! Im Gegenteil, fast scheint es, als wolle Jesus den Jüngern zurufen: Diese Frau hat etwas ganz Wichtiges getan. Doch euch steht es frei, es ihr gleich zu tun: meint ihr nicht, ihr könntet euch die Haltung dieser Frau auch leisten ...?

Die Witwe, liebe Gemeinde, kann sich aus der Hand geben, weil sie sich gehalten weiß. Das steht hinter dem ganzen Text. Gilt das nicht auch für uns, für mich? – Und wenn ich mich bejaht weiß und bei Gott in guten Händen und also angenommen bin, dann kann ich auch großzügig sein und weggeben: Vertrauen statt Angst, Hingabe statt Absicherung!

Probiert es aus, ob's stimmt! – Amen –

PS.: Mit Bezug auf den Schluss des Textes »ihr ganzes Leben« stand in der ursprünglichen Fassung meiner Predigt: »Was meint er (Jesus) aber schließlich, wenn er rechtes Opfer von uns fordert? – Denn um diese Frage kommen wir nicht herum. Hier müssen wir noch einmal ganz genau auf die letzten Worte unseres Textes achten: auf ihnen liegt nämlich der Ton. Diese letzten Worte heißen: IHR GANZES LEBEN. Darauf kommt in unserem Text alles an. Wir merken deutlich, liebe Gemeinde: Vom Geld ist hier keine Rede mehr, sondern vom Leben. Wo aber vom Leben die Rede ist, da ist vom Leben des Menschen die Rede, da geht es um den Menschen selbst. Um dich und mich. Die Witwe hat deshalb mehr geopfert als alle anderen, weil sie sich selbst geopfert, weil sie sich selbst Gott hingegeben hat. Das meint Jesus, wenn er von uns rechtes Opfer fordert: Unsere ganze ungeteilte Hingabe an Gott.«

7. FREUDE AN DER ÖKUMENE

Die Ankündigung der Geburt Jesu durch den Engel Gabriel
Lukas 1,30-35–38

Das Ohr als Unterscheidungs-Merkmal. Dieses Organ des Vernehmens ist hier das Organ der Empfängnis.

a) Textübersetzung

Als Elisabet im sechsten Monat war, sandte Gott den Engel Gabriel nach Nazareth in Galiläa zu einem jungen Mädchen namens Maria. Es war verlobt mit einem Mann namens Josef, einem Nachkommen Davids. Der Engel kam zu Maria und sagte: »Sei gegrüßt, Maria, der Herr ist mit dir: er hat dich zu Großem ausersehen!« Maria erschrak über diesen Gruß und überlegte, was er bedeuten sollte. Da sagte der Engel zu ihr: »Hab keine Angst, du hast Gnade bei Gott gefunden! Du wirst schwanger werden und einen Sohn zur Welt bringen. Dem sollst du den Namen Jesus geben. Er wird groß sein und wird »Sohn des Höchsten« genannt werden. Gott der Herr wird ihm das Königtum seines Vorfahren David übertragen. Er wird für immer über die Nachkommen Jakobs regieren. Seine Herrschaft wird nie zu Ende gehen.«
  Maria fragte den Engel: »Wie soll das zugehen? Ich habe doch mit keinem Mann zu tun!«
  Er antwortete: »Gottes Geist wird über dich kommen, eine Kraft wird es bewirken. Deshalb wird man das Kind, das du zur Welt bringst, heilig und Sohn Gottes nennen. Auch Elisabet, deine Verwandte, bekommt einen Sohn – trotz ihres Alters. Sie ist bereits im sechsten Monat, und man hat doch von ihr gesagt, sie könne keine Kinder bekommen. Für Gott ist nichts unmöglich.«

Da sagte Maria: »Ich will ganz für Gott da sein. Es soll so geschehen, wie du es gesagt hast.« Dann verließ sie der Engel.

b) Predigt

Liebe Gemeinde!

Muttertag und Marienandacht, Maiandacht und ein evangelischer Gastprediger, wie passt das alles zusammen? Unser Kulturkreis ist trotz Emanzipation der Frau noch ganz schön patriarchalisch (von Mann und Vater her) bestimmt, während andere Kulturkreise matriarchalisch (von der Frau und Mutter her) aufgebaut sind. Frauen- und Männersprache wird bei uns sehr unterschieden, alles wird von den Männern her ausgesagt, die Frauen seien, so meinen wir, mitgemeint.

So sei der Satz »Alle Schweizer kamen zum Empfang« möglich, sowie auch der Satz: »Alle Schweizer und ihre Frauen kamen zum Empfang.« Dagegen ist folgender Satz nicht möglich:
»Alle Schweizer und ihre Männer kamen zum Empfang.«
Kurios!

Aus unserer Männeransprache, die stets die Frauen mit meint, sie aber leider nicht wirklich nennt, entstand folgendes Rätsel:

Vater und Sohn fahren morgens in die Stadt zum Einkauf. Auf dem Bahnübergang streikt das Fahrzeug, der Motor geht aus, der Wagen wird von einem Schnellzug erfasst. Der Vater ist sofort tot, der Sohn wird schnellstens ins Krankenhaus gebracht. Er muss operiert werden. Der herbeigerufene Chirurg stürzt in den OP, sieht den Verwundeten und schreit: »Oh Gott, mein Sohn!«

Frage: Wer war das?

Antwort: Die Mutter, sie war die Ärztin, sie war »der herbeigerufene Chirurg«. (Eigentlich müsste es heißen: die herbeigerufene Chirurgin)

Diese Aussage des Rätsels ist typisch für die Denkweise unseres Kulturkreises. Deshalb und freilich aus noch anderen Gründen ist es an der Zeit, einer evangelischen oder ökumenischen Marienpredigt in einer katholischen Maiandacht das Wort zu reden.

Damit ist noch kein Loblied auf Maria angestimmt, wohl aber die Aufforderung ergangen, das Loblied der Maria auf Gott mit ihr zusammen zu singen. Das ist sicher an der Zeit. Denn wir haben Maria darin viel zu sehr verdrängt, und das ist ein Verlust. Dabei bekennen auch wir jeden Sonntag im Gottesdienst beim Glaubensbekenntnis: »Geboren aus der Jungfrau Maria.« Was heißt das?

Dieser Satz will in der Sprache das Zeichen sichtbar machen: Hier geschieht etwas am Menschen, dem er nur stillhalten und angesichts dessen er nur passiv empfangend sein kann. Darum ist der Mann als Symbol dessen, was Geschichte macht, was schöpferisch das Leben bewältigt, hier nicht im Spiele, sondern das Bild der Jungfrau, der in der Stille Hingegebenen und Lauschenden, gewinnt Gewalt. Die christlichen Bilder alter Kunst haben es auszudrücken versucht, dass es hier nicht um sexuelle Vorgänge geht, sondern dass Maria die Empfangende ist. Wie? Indem sie das schöpferische Wort Gottes, wie seine Boten es ihr überbringen, mit ihrem Ohr vernimmt. Dieses Organ des Vernehmens ist hier das Organ der Empfängnis: Unterscheidungs-Merkmal!

Dabei muss man noch folgendes hinzu bedenken: Nach einer Überlieferung ist Maria gar nicht jüdischer Herkunft gewesen, ihre Vorfahren väterlicherseits sollen Nichtjuden, ihre Vorfahren mütterlicherseits Leviten gewesen sein. Durch die Ehe mit Josef gehörte sie erst danach zum großen Königsgeschlecht der David-Nachkommen.

Mit anderen Worten: Maria, das einfache Mädchen vom Lande, bringt Gott zur Welt! Das ist Neues. Das passt nicht in die ganze antike Frömmigkeit, wo es stets üblich war, dass eine Göttermutter ihr göttliches Kind irgendwie unüblich und unnormal zur Welt brachte. Neu an dieser Botschaft ist: Dass sich Gott nicht mit edlen Gestalten der politischen Elite umgibt, sondern mit Gestalten der sozialen Unterschicht. Die Mutter für das göttliche Kind Jesus ist ein einfaches Mädchen vom Lande. Und in der Mutter Maria hat Gott alle »unwürdigen« Menschen zu seiner »Wohnung« erwählt. So verkörpert Maria das Bild des empfangenden Glaubens, der keinerlei Verdienst aufzuweisen vermag. Ihre Glaubenshaltung ist Vorbild für jeden Glaubenden, der von sich nichts, aber von Gottes Gnade alles erwartet. Wer ist sie noch?

Maria ist ein Mensch, ein von Gott reich begnadeter Mensch in einer besonderen Gottesbegegnung. Diese Begegnung mit Gott steht eigentlich im Mittelpunkt oder Vordergrund.

Deshalb kann die Frage zum Thema »Maria« eigentlich auch nicht heißen: Was ist Maria, welche Eigenschaften, Vorzüge und Privilegien hat sie? Sondern: was geschieht mit diesem Menschen in dieser Begegnung mit Gott und Christus?

Gerade davon berichtet ja auch das Neue Testament in den wenigen Stellen über Maria. Auch Maria muss lernen, unseren eigenen Willen dem Willen Gottes unterzuordnen: Dein Wille geschehe! Amen.

Ökumenischer Rat Bornheim-Nordend in Frankfurt am Main

8. Konfirmationspredigt, 1. Kor. 9, 24–27

Um die Entscheidung zwischen rechtem Training und rechtem Verzicht geht es hier.

a) Textübersetzung

»Wisst ihr nicht, dass die Läufer im Stadion sich alle anstrengen, aber nur einer gewinnt den ersten Preis? Strengt euch so an, dass ihr ihn gewinnt. Und jeder Teilnehmer am Wettbewerb lebt sehr enthaltsam – dabei wollen sie doch nur einen vergänglichen Lorbeerkranz erringen; ihr jedoch wollt einen unvergänglichen, das ewige Leben. Ich jedenfalls renne nicht ins Blaue hinein. Ich schlage nicht in die Luft. Ich trainiere meinen Körper und mache ihn gefügig. Denn ich möchte nicht anderen Anweisungen geben und selbst zum Versager werden.«

b) Predigt

Liebe Gemeinde, liebe Konfirmanden, liebe Familien!

Wenn man sich die modernen Olympischen Spiele angesehen hat, muss man sich fragen, was von der alten Idee der Olympiade, die Pierre Baron de Coubertin 1896 erneuerte, eigentlich übrig geblieben ist. Sie erinnern sich, aus heiteren Spielen in München wurden traurige, anstelle heiterer Spiele setzte Montreal damals eine überorganisierte, trockene Steifheit. Junge Olympia-Mädchen – man kann sagen, im Konfirmandenalter – verbeugten sich vor dem Publikum mit fast rund gebogener Wirbelsäule. Die dunklen Olympiaringe um ihre Augen spiegeln das wider, was mit ihnen vorher unter der jahrelangen Folter des Olymps angestellt und an ihnen bis in ihr hohes Alter gesündigt wurde.

Hier geschieht das gleiche, was einst mit Konfirmanden in der Pauk-und Lernanstalt Kirche geschehen ist; sie wurden so gedrillt, dass ihnen dann für alle Zeiten das weitere Einüben im Christentum verging.

Unser Text (vielleicht sitzt Paulus in einem alten griechischen Stadion, während er dies schreibt), belehrt uns eines Besseren:

1) Auf das rechte Training kommt es an. »Strengt auch an, daß ihr den 1. Preis gewinnt.«
2) Auf den rechten Verzicht kommt es an. »Jeder Teilnehmer im Wettbewerb lebt enthaltsam.«
3) Doping führt zur Disqualifizierung. »Ich renne nicht ins Blaue hinein, ich schlage nicht in die Luft.«

Zu 1: Konfirmandenzeit ist Trainingszeit. Ich muss zum Training: Training ist hier einüben im Christentum, übrigens nicht nur für Konfirmanden, sondern auch für die Konfirmanden-Familien. Wir hatten beispielsweise Eltern und Konfirmanden zu unserem kleinen Seminar eingeladen, wir haben über ihre Fragen geredet.

Mit dem Bild von den damaligen Weltmeisterschaftskandidaten will uns der Apostel Paulus Mut machen: Wie besessen sind sie von ihrer Sache: Zu nichts anderem sind sie mehr zu gebrauchen. Auf das Ziel, die Medaille, sind sie versessen.

Sind wir als Christen so auf unser Ziel versessen? Bei den Olympiateilnehmern geht es um einen vergänglichen Kampfpreis. Worum geht es uns hier? Wir wollten und wir sollten uns auch weiter so üben und trainieren, dass wir Jesus Christus kennenlernen, dass wir durch ihn Gott als den Herrn unseres Lebens erkennen, der unser Leben und unseren Tod umfasst und so trägt, dass wir uns in allen Lagen bei ihm geborgen fühlen können.

Wenn wir uns so mit der Sache Gottes in Jesus Christus

beschäftigen, trainieren wir für eine unvergängliche Medaille. Auf dieses rechte Training kommt es an.

Zu 2: Zum rechten Training gehört aber auch der rechte Verzicht. Konfirmandenzeit ist Zeit des Verzichts: Ich muss passen, wenn ich mich im Christentum einübe, muss ich auf manches andere Einüben verzichten. Das gilt wiederum nicht nur für die Konfirmanden und für die Konfirmandenzeit, sondern auch für die Eltern, für die Familien nach der Konfirmandenzeit. Beim Training des Christseins muss sich entscheiden, für welches Verzichten wir uns entscheiden wollen.

Auch hier will uns der Apostel Paulus Mut machen mit seinem Bild vom Trainingslager der Kandidaten: Seht sie euch an, worauf alles sie verzichten, nur um in Form zu bleiben, ihre Form zu verbessern, um unter allen Umständen das Ziel zu erreichen.

Sind wir als Christen so in Form, haben wir Konditionen? Bei den Olympiateilnehmern geht es um einen verwelkenden Lorbeer. Um was muss es uns gehen? Paulus triumphiert. Er hat ein Ziel. Dieses Ziel nennt er »Ewiges Leben«. Um dieses Zieles willen, so sagt er, hat Gott auf Jesus Christus verzichtet. Um dieses Zieles willen gibt mir Jesus Christus die Kraft – die Bibel nennt sie »Heiligen Geist« –, die mich fähig macht, auf alles zu verzichten, wodurch ich dieses mein Ziel verspielen, verwirken oder verlieren könnte.

So halten wir uns in Form für die unvergängliche Medaille. Auf diesen rechten Verzicht kommt es an.

Zu 3: Doping im Sport, als Trainingsersatz und anstelle des echten Verzichts, das wissen wir, wird bestraft, geht auf Kosten des gesamten Organismus und führt zur Disqualifizierung.

Einüben im Christentum, Gott in Jesus Christus kennenlernen als den Herrn meines Lebens, ist eine Angelegenheit des ganzen Lebens. Teilzeitbeschäftigung mit Gott zerstört die Ganzheit mit

Gott. Kirchliches Normalverbrauchertum (wir haben im Eltern-Konfirmanden-Seminar dazu den Film besprochen: »Die kirchlichen Normalverbraucher«), das bei den Amtshandlungen Taufe, Konfirmation, Trauung und Beerdigung je einmal in Aktion tritt, das kommt dem Doping im Sport gleich. Das Konfirmandenjahr von Seiten der Konfirmanden und Eltern möglichst schnell und schmerzlos hinter sich zu bringen, ist nicht gegeignet, unsere christliche Form fit zu halten und auf Konditionen zurückzugreifen.

Taufe und kirchliche Trauung können Doping sein, rasch und problemlos hinter sich zu bringen, wozu andere ein ganzes Leben aufgrund der Taufe, eine ganze Ehe aufgrund der kirchlichen Trauung benötigen und sich erkämpfen müssen. Selbst der gelegentliche Gottesdienstbesuch am Sonntag kann Doping sein, wenn das Einüben des Christentums und sein Ziel in Jesus Christus nicht im Auge behalten wird.

Wir stellen also fest, was für unser ganzes christliches Leben gilt:
1. Ich habe Training, und das soll Spaß machen!
2. Ich muss passen und das tue ich gern!
3. Doping? Nein danke, das befriedigt nicht!

Wir kennen das Plakat an den Litfaßsäulen: »Trimm dich«. Wir kennen den Hinweis auf die Trimmdichpfade in unseren Wäldern. Der Trimmdichpfad mit Christus beginnt heute neu. Er läuft nicht ab heute ins Dickicht eures in die Anonymität untertauchenden weiteren Lebens.

Gelegenheit zum christlichen Training will die Gemeinde für Sie alle sein. Trainingsräume stehen uns zur Verfügung. Diese Trainingsplätze sind zwar nicht leer, aber wir warten doch auf sie:

Fit zu bleiben bis ins Alter, für Christus!? Da darf man nicht aus der Übung kommen. Da kann man nicht früh genug anfangen und nicht konsequent genug durchhalten. (Der Film »Nur eine Uhr« im Eltern-Seminar vom Durchhalten eines englischen Fliegers im Versteck, gespielt von Erik Schumann).

Darum, machen Sie mit! Wir wollen antreten zum gemeinsamen Training! – Amen –

Zur LITERATUR der Predigten

Als Anregungen, Anstöße, manchmal sogar als »Brückenpfeiler« zwischen Text und Predigt dienten mir u. a. die Predigtmeditationsreihen »Gottesdienstpraxis« in den jeweiligen sechs Predigtperikopenreihen der verschiedenen Auflagen, Gütersloher Verlagshaus, außerdem die Predigtmeditationsreihen »Pastoralblätter« in den jeweiligen sechs Predigtperikopenreihen der verschiedenen Auflagen, Kreuz-Verlag, Stuttgart.

Der Verfasser:

Werner Friedrich Richard Schmidt, Pfarrer (i. R.), studierte als Sohn eines Diakons in Frankfurt am Main, Marburg, Heidelberg und Mainz Theologie und erhielt seine Ordination im Jahr 1965. Seit dem Studium beschäftigte er sich mit den außerbiblischen und biblischen Quellen über den römischen Statthalter Pontius Pilatus sowie mit dem Thema »Segen und Fluch im Alten Testament«, später dann mit Luther und der Reformation und dem römischen Kaiser Konstantin dem Großen. Neben seiner Tätigkeit als Pfarrrer war er Mitarbeiter der »Lesepredigt«, Handreichung für Lektoren und der biblischen Kommentarreihe »Schriftauslegung für Predigt, Bibelarbeit, Unterricht«; Ehrenfried Klotz Verlag, Stuttgart 1970, und der Zeitschrift für Erwachsenenbildung »Botschaft und Dienst«, hrg. im Auftrag der Männerarbeit der Evangelischen Kirche in Deutschland (EKD).
Der Autor ist seit 1963 verheiratet, hat drei Kinder und sechs Enkel.

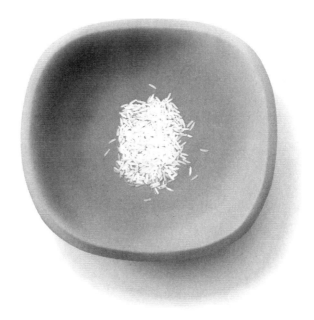